정책홍보
보도자료 작성 실무

개정판

리얼 미디어

다양한 미디어가 새로운 산업혁명을 이끄는 지금, 대중의 삶은 전보다 훨씬 복잡하고 어려워졌습니다. 리얼 미디어는 현장 전문가의 구체적이고 실제적이며 형식에 얽매이지 않는 생생한 지식을 전달합니다. 독자의 미디어 생활이 보다 안전하고 편리하도록 좋은 길잡이가 되겠습니다.

일러두기

- 외래어 표기는 현행 어문규정의 외래어표기법을 따랐습니다.

정책홍보
보도자료 작성 실무
개정판

김태욱 · 한정진

대한민국, 서울, 커뮤니케이션북스, 2026

정책홍보 보도자료 작성 실무 개정판

지은이 김태욱 · 한정진
펴낸이 박영률

초판 1쇄 펴낸날 2020년 4월 6일
개정1판 1쇄 펴낸날 2026년 2월 25일

커뮤니케이션북스(주)
출판 등록 2007년 8월 17일 제313-2007-000166호
02880 서울시 성북구 성북로 5-11 (성북동1가 35-38)
전화(02) 7474 001, 팩스(02) 736 5047
commbooks@eeel.net
www.commbooks.com

CommunicationBooks Inc.
05-11, Seongbuk-ro,
Seongbuk-gu, Seoul, 02880, KOREA
phone 82 2 7474 001, fax 82 2 736 5047

ISBN 979-11-430-1306-4 03300

책값은 뒤표지에 표시되어 있습니다.

정책홍보 보도자료란 무엇인가

정책 성공은 '설계가 반, 홍보가 반'이라고 한다. 아무리 좋은 정책이라도 국민과 정책 이용자에게 홍보가 제대로 되지 않으면 성공하기 힘들다는 의미에서 나온 말이다.

기업에서 아무리 좋은 상품을 출시해도 소비자가 알아야 구매를 하고, 식당에서 아무리 좋은 음식을 만들어도 알아야 찾아가 사 먹을 수 있듯이 정책도 국민이 알아야 이용을 할 수 있다. 정부부처와 공공기관이 정책을 발표하였으나 국민의 관심을 받지 못하거나, 심지어 비판과 저항에 직면하는 경우가 종종 있다. 정책이 부실한 것이 아니라면 홍보에 실패했기 때문일 가능성이 크다. 그래서 정책을 제대로 알리는 홍보 활동은 정말 중요하다.

최근 정부가 홍보를 중시하는 것은 각 정부부처의 대변인 선발에서도 엿볼 수 있다. 정부부처와 공공기관은 공직자 중 우수한 인력을 대변인으로 선발하고 있다. 또 정부부처에서는 대변인을 지낸 사람들의 노고를 치하하기 위해 승진에 우선순위를 부여하는 경우도 눈에 띈다. 이는 정부부처가 홍보에 거는 기대와 비중이 갈수록 커지고 있다는 것을 그대로 보여 주는 증거다.

정책 성공, 홍보가 반이다

정책 성공의 핵심은 정책의 질이지만 성공을 이끄는 힘은 홍보에서 나온다 해도 과언이 아니다. 그만큼 국민과의 소통과 홍보는 중요해졌다. 그중에서도 가장 중요한 홍보 활동은 정책 홍보의 시작이라 할 수 있는 보도자료다. 정책 보도자료는 새로운 정책을 소개하는 최초의 홍보 수단이며, 국민의 실생활에 영향을 주는 정책의 변화를 알리는 정부의 공식적인 소통 수단이라는 점에서 매우 중요하다.

그래서 정부부처와 공공기관은 정책 기획이나 입안 단계부터 홍보를 염두에 두는 것을 기본 방침으로 하고 있다. 정책을 수립한 후에 홍보 계획을 세우는 것이 아니라, 정책 이용자나 이해관계자들이 해당 정책에 대해 어떻게 생각할지, 피해를 보거나 우려할 사람들은 없을지를 미리 예상해 보고 정책의 기획과 설계 단계부터 이를 반영하여 정책을 수립하는 것이다. 정책입안자가 기획과 입안 단계에서 향후 정책이 시행될 때 배포할 보도자료를 미리 작성해 본다면 훌륭한 홍보성과를 얻기 위해 어떻게 정책을 설계하고 만들어 가야 하는지 다양한 아이디어를 얻을 수도 있다.

딱딱하고 어려운 정책 보도자료

정부부처나 공공기관에서 국민, 정책 이용자, 정책 이해관계자에게 정책홍보를 위해 언론에 기사화를 목적으로 작성한 자료를 정책 보도자료라 한다. 그런데 정책 보도자료는 대부분 어렵고 딱딱하게 작성되곤 한다. 정책을 담는 만큼 일반인에게 익숙하지 않고 이해하기 힘든 전문 행정용어를 사용하기 때문이다. 정부부처나 공공기관에서 보도자료를 작성할 때 국민의 눈높이를 고려하지 않고 쓰기 때문에 국민은 정책 내용을 제대로 이해하기 힘들다. 그 결과 홍보에 실패하게 된다. 보도자료 작성은 일반 공문서 작성과는 많이 다르기 때문에 전문 교육과 일정 정도의 경험이 반드시 필요하다.

현실적으로 공직자들은 정기 인사로 자리를 자주 옮기기 때문에 직원이 바뀔 때마다 홍보 업무를 새로 배워야 하는 어려움에 직면하게 된다. 홍보담당 직원이 바뀌면 보도자료 작성의 경험과 노하우가 쉽사리 전수되지 못하게 된다. 그만큼 보도자료 작성은 어렵다.

보도자료를 작성하기 위해 필요한 소양은 여러 가지가 있지만 가장 우선적으로 기사가 작성되고 보도되는 언론사의 메커니즘과 언론인의 생리를 이해해야 한다. 보도자료가 기사화되기 위해서는 이들 언론인에 의해 선택되는 것이 필수이기 때문이다. 그렇기 때문에 보도자료 작성을 배우려는 입장에서는 신문기사가 어떻게 작성되는지를 분석해 보고 그대로 따라 해 보는 것도 필요하다.

보도자료는 홍보 콘텐츠의 시작이다

보도자료는 정확성, 정보성, 객관성, 평이성, 가독성, 화제성 등을 갖추어야 한다. 이들 요소를 갖추지 못하는 보도자료는 외면받게 된다. 보도자료는 기관의 얼굴이기도 하다. 미흡한 보도자료를 배포한 기관은 언론인들에게 질타를 당하고 신뢰를 상실해 적지 않은 타격을 입을 수 있다.

매일 수많은 보도자료가 쏟아져 나오지만 언론에 의해 선택되어 지면이나 방송에 주요하게 기사화되는 보도자료는 극히 일부분이다. 배포되는 순간부터 한정된 방송과 지면을 놓고 다른 보도자료와 치열한 경쟁에 놓이게 된다. 혹자는 우스갯소리로 수억 마리 정자가 난자에 착상하기 위해 경쟁하는 것에 빗대어 말하기도 한다.

보도자료의 활용은 언론 보도가 끝이 아니다. 보도자료는 그 자체로 기관의 홈페이지에 게시되고, 포털 사이트에 원문이 제공된다. 국민은 보도자료가 언론 지면에 기사화되지 않아도 언론사 웹사이트에 게재되어 인터넷 검색을 통해 언제든지 읽을 수 있다. 보도자료의 용도가 언론 홍보로 그치지 않는다는 뜻이다.

그뿐만 아니다. 보도자료는 모든 콘텐츠의 기초자료가 된다. 정부부처와 공공기관은 메시지를 잘 담은 보도자료를 토대로 홍보 동영상과 블로그 콘텐츠를 만들기도 하고 인포그래픽이나 웹툰 등 다양한 멀티미디어 홍보 콘텐츠를 제작한다. 그래서 보도자료는 모든 홍보와 소통의 시작점이자 원천이라고 할 수 있다.

정책 보도자료는 기업 보도자료와 다르다

정책 보도자료는 기업 보도자료와 차이가 있다. 정책 보도자료는 국민생활을 개선하기 위한 정부부처나 공공기관의 정책을 담아 국민, 정책 이용자, 정책 이해관계자의 이해와 수용을 끌어내야 한다. 반면, 기업 보도자료는 기업의 이미지와 인식을 좋게 하거나 매출이나 이익을 얻기 위해 작성된다. 보도자료의 목적, 목표공중, 메시지, 미디어에 따라 그 차이점을 보면 다음과 같다.

첫째, 보도자료 목적으로 보면, 정책 보도자료의 목적은 국민들에게 정책의 시행, 변화 등을 알려 그에 따른 실생활에서의 혜택을 누리게 하거나 정책이 국민 실생활에 스며들도록 관심과 협조를 유도하는 것이다. 기업 보도자료는 기업의 이미지를 개선하고, 기업 이익 극대화를 추구한다.

둘째, 정책 보도자료의 목표공중은 그 정책의 시행으로 혜택을 입거나 영향을 받는 집단이다. 국민 전체를 대상으로 하는 대단위 정책이 있을 수 있고, 특정 연령층이나 성별, 지역 집단으로 한정되기도 한다. 기업 보도자료는 자신의 상품을 소비하는 특정 집단을 대상으로 한다.

셋째, 정책 보도자료의 메시지는 정책에 대한 국민의 이해와 참여 그리고 협조다. 새로운 정책이 시행되거나 변화가 있으면 이를 국민이 잘 이해하도록 돕고 정책의 성공에 협조하도록 하는 게 중요하다. 기업 보도자료는 자신들이 제공하는 상품이나 서비스의 경쟁력, 소비자 만족에 대한 약속 등을 강조한다. 추상적인 성격이 강한 정책 보도자료보다 좀 더 구체적일 수 있다.

넷째, 정책 보도자료가 추구하는 미디어는 신문, 방송 등 전통적 미디어가 기본이다. 기본적으로 공공의 이익을 추구하는 정책의 특성상 미디어에서도 보도에 비중을 두는 경우가 많다. 또한 전통적 미디어의 보도에 의존하는 것 이외에도 정부나 공공기관에서 자체적으로 유튜브, 페이스북, 블로그 등 소셜미디어를 구축해 국민과 직접 소통하기도 한다. 기업들도 전통적 미디어에 크게 의존하면서도 자체적으로 소셜미디어 구축을 통한 직접 소통에 큰 관심을 두고 자원을 할애하고 있다. 기업은 마케팅 비용을 책정하여 언론과 협조를 얻어낼 수 있다. 또한 사내 자체 홍보시스템에 많은 투자를 하기도 한다.

정책 보도자료, 어떻게 작성할 것인가

정책 보도자료 작성이 어려운 이유는 크게 네 가지로 볼 수 있다. 첫째, 정책은 어렵다. 둘째, 국민들에게 정책은 더 어렵다. 셋째, 정책 보도자료 작성은 더욱 더 어렵다. 넷째, 보도자료 작성자는 홍보전문가가 아니다.

그래서 정책 보도자료는 작성이 아니라 메시지 기획이다. 결국 정책 보도자료는 국민과 정책 이용자가 꼭 알아야 할 메시지를 잘 뽑아내고, 이를 쉽게 표현해서 쉽게 작성돼야 한다.

이 책은 정책 보도자료 기획과 작성을 전략적 방법과 예시를 들어 설명했다. 일부는 직접 실습도 할 수 있게 했다. 이 책의 큰 주제는 '정책 메시지 추출 방법', '정책 메시지 표현 방법', '정책 메시지 구성과 작성'이다. 주요 구성을 간단히 소개하겠다.

책은 크게 6부로 구성되었다. 1부는 언론홍보 전략으로 언론홍보 · 언론 · 보도자료를 전반적으로 다뤘다. 언론홍보가 무엇인지, 언론사는 어떻게 기사를 만드는지, 보도자료는 무엇인지, 보도자료 기획 · 작성 · 배포는 어떻게 하는지 설명했다.

2부, 3부, 4부는 보도자료 기획, 작성, 점검이다. 보도자료 기획인 2부는 메시지 기획과 미디어 기획이다. 보도자료 메시지 기획은 메시지 개발부터 근거 자료, 메시지 표현까지다. 즉 정책을 제대로 이해하고 메시지를 추출하는 단계다.

그리고 목표공중과 목표 미디어 선정이다. 기획한 메시지를 목표공중에 맞게 우선순위를 가리고 목표공중에 적합한 미디어를 찾는 작업이다.

3부는 보도자료를 실제로 작성하는 단계다. 보도자료 기본 구조의 맨 위에서부터 차례대로 주제목, 부제목, 본문, 리드문, 인용문, 첨부까지 방법을 사례를 들어 설명하고 직접 써 보는 단계다. 가장 시간이 오래 걸리는 과정이다. 연필을 꼭 쥐고 작성해 나가길 바란다.

4부는 보도자료 점검과 활용 단계다. 보도자료뿐 아니라 모든 글을 쓰는 데 한 번에 펜을 들고 쭉 다 써가는 일필휘지는 불가능하다. 고치고 채우고 다듬어야 한다. 보도자료 점검을 위한 방법으로 제목부터 문맥, 문장, 오탈자, 첨부서류까지 점검하는 단계다. 점검표를 보고 따라 하기 쉽게 구성했다.

또한, 온라인 미디어를 고려한 보도자료 전략과 기사로 나온 보도자료 활용 방법도 담았다.

5부는 설명 · 해명 자료와 스토리텔링형 보도자료 작성이다. 정부부처나 공공기관에서는 보도자료를 배포하는데 그치지 않고, 정책을 설명하거나 해명해야 하는 경우가 종종 발생한다. 이 방법을 소개한다.

또 스토리텔링형 보도자료 작성법을 소개했다. 국민들에게 쉽게 알리기 위해 스토리텔링만큼 좋은 방법은 없다. 정책 보도자료에서 어떻게 스토리텔링을 적용하는지, 스토리텔링은 어떻게 작성하는지를 소개했다.

6부에는 AI를 활용한 보도자료 작성 방법을 추가했다. 챗GPT(ChatGPT), 제미나이(Gemini), 클로드(Claude), 퍼플렉시티(Perplexity), 클로바X(Clova X) 등 생성형 AI가 탄생하면서, AI를 보도자료 작성에 활용할 수 있게 되었다. 그래서 생성형 AI를 활용한 보도자료 작성 방법으로 PPD 3단계를 사례를 들어 설명하고, AI 시대를 대비해 답변 엔진 최적화(Answer Engine Optimization, AEO)를 고려한 보도자료 작성 전략을 담았다.

이 책은 홍보팀에서의 실무 경험과 강의 · 컨설팅 등 32년간의 노하우를 쌓아 온 현직 홍보강사 김태욱, 그리고 신문기자와 정부부처 홍보 30년 경력의 현직 홍보담당관 한정진이 함께 썼다. 그래서 현장 실무 교육 기법도 있고 실무 사례와 예시도 많이 담았다. 모쪼록 보도자료 작성이 숙명처럼 돼 버린 홍보 비전문가 공직자들에게 '정책 보도자료 작성'이란 스트레스를 한 방에 날릴 수 있는 책이 되기를 바란다.

2026년 1월

김태욱 · 한정진

차례

2부 보도자료 기획

3부 보도자료 작성

1부
언론홍보 전략

01
언론홍보와 보도자료

'홍보(PR)의 아버지'라는 에드워드 버네이즈(Edward Bernays)의 홍보 방법은 상당히 우회적이지만 효과적이었다. 1920년대 후반 베이컨 제조사인 비치너트 패킹(Beechnut Packing)은 판매 실적을 회복시키기 위해 버네이즈를 고용했다. 당시 미국은 주스, 토스트, 커피 등으로 아침식사를 간단히 하는 추세로 급속히 돌아서고 있어 베이컨 판매고는 계속 줄어들고 있었다. 버네이즈는 똑같이 판매에 허덕이고 있는 다른 베이컨업자의 판매고를 훔쳐 오는 것은 의미가 없다고 판단하고, 미국인의 식습관을 바꾸기로 마음먹었다. 먼저 버네이즈는 유명한 뉴욕 의사를 설득하여 넉넉한 아침식사를 지지하는지, 가벼운 아침식사를 지지하는지 그의 동료들에게 설문조사를 하게 했다. 결과는 넉넉한 아침식사 쪽이 크게 우세했다. 버네이즈는 신문에 이를 전했고, 신문을 본 사람들은 의사들의 조언을 따랐다. 이를 계기로 넉넉 한 아침식사 하면 가장 먼저 떠오르는 두 가지 품목인, 베이컨과 달걀의 판매고가 급상승하게 되었다.

이 이야기는 래리 타이가 쓴 『여론을 만든 사람, 에드워드 버네이즈』에 수록된 내용이다. 버네이즈는 이슈를 만들어 내고 이슈는 다시 언론을 통해 여론으로 형성되었다. 버네이즈 역시 홍보를 위해 언론의 힘을 전략적으로 활용했다.

언론홍보란 무엇인가

언론홍보란 한마디로 '언론미디어를 활용한 홍보 활동'을 말한다. 미디어를 크게 신문, TV, 라디오, 잡지 등 매스미디어와 블로그, 페이스북, 인스타그램, 유튜브 등 소셜미디어로 나눈다면, 언론미디어는 매스미디어에 속한다. 매스미디어와 소셜미디어의 큰 차이는 홍보 당사자가 직접 게재할 수 있느냐 없느냐에 달렸다. 매스미디어는 홍보 당사자가 직접 보도자료 등 콘텐츠를 게재할 수 없기 때문에 매스미디어 종사자인 기자나 제작자를 통해 간접적으로 콘텐츠를 미디어에 올릴 수 있는 반면에 소셜미디어는 홍보 당사자가 직접 콘텐츠를 미디어에 올릴 수 있다. 언론

미디어는 매스미디어이기 때문에 홍보 당사자가 직접 보도자료 등 콘텐츠를 올릴 수 없다.

프레스 릴리즈(press release) 또는 퍼블리시티(publicity), 기자관계 관리, 기사자료 제공, 언론 미디어 모니터링, 조사자료 활용 언론 홍보, 인터뷰, 프레스 투어(press tour), 기자간담회 등이 있다. 프레스 릴리즈부터 몇 가지 주요 언론홍보 활동을 간단하게 정리하겠다.

프레스 릴리즈

정부부처나 공공기관에서 기사를 목적으로 보도자료를 작성하여 언론미디어에 보내는 작업을 프레스 릴리즈(press release), 퍼블리시티(publicity), 보도자료 작성과 배포 활동이라고 한다. 홍보부서에서는 아직 이 프레스 릴리즈를 홍보 활동 중 가장 많이 활용하고 있는데, 그 이유는 투입비용 대비 효과적이기 때문이다. 정부부처나 공공기관에서 언론을 통해 여론이나 이슈를 만드는 목적도 있지만, 추가 비용을 들이지 않고도 광고보다도 높은 홍보 효과를 낼 수 있는 것이 가장 큰 장점이다.

기자관계 관리

아무리 좋은 보도자료를 써도 이를 받아 줄 미디어가 없다면 아무 소용없다. 즉 보도자료를 보낼 채널을 미리 구축

해야 한다. 그래서 기자와 관계형성이 중요하다. 언론홍보에서 기자는 핵심 고객이다. 그들의 펜 끝에서 우리의 기사가 나오기 때문에 그들과 좋은 관계 형성은 매우 중요하다. 아마 대부분의 언론홍보담당자는 적잖은 시간을 이 기자관계를 위해서 동분서주하고 있다고 해도 과언이 아니다.

기사 자료 제공

보도자료를 기획하고 작성하여 배포하는 프레스 릴리즈만큼 중요한 언론홍보 방법이 기사 자료 제공이다. 어쩌면 보도자료 배포보다 쉽게 기사화하는 방법일지 모른다.

일반적으로 기자는 보도자료를 받고 기사를 쓸 때, 보도자료 내용만 쓸 때도 있지만 기사를 더 풍부하게 쓰기 위해 다른 기관의 자료들을 추가로 취재한다. 그럴 경우 다른 기관의 취재원들에게 자료를 요구한다. 만약 기자가 자료를 요청할 때 우리가 제대로 준비된 자료를 제공하면 비교적 손쉽게 기사화할 수 있다. 이를 위해 평소에 자료를 체계적으로 준비해 두어야 한다. 텍스트 자료, 이미지 자료, 숫자 데이터 등을 잘 준비해 놓으면 기자가 필요하다고 요구할 때 제대로 제공해 줄 수 있다.

언론미디어 모니터링

언론미디어 모니터링이란 언론미디어를 대상으로 우리 기관과 관련된 메시지가 노출되었는지를 확인하여 우리 기관에 필요한 정보를 확인하는 것을 말한다. 즉, 신문, TV, 라디오, 잡지 등 언론에 우리 기관이 언급된 기명 기사나 관련 기사를 정기, 비정기적으로 모니터링하는 작업이며, 그 기사내용을 활용하여 기관 활동에 반영하는 것이다.

조사자료 활용 언론 홍보

조사자료 활용 언론 홍보는 비교적 간단한 조사를 한 후 언론홍보로 활용하는 홍보다. 조사 목적과 활용에 따라서 여론조사, 연구보고서, 서베이(survey), 설문조사(poll) 등의 프로그램들이 있는데 가능한 한 적은 비용으로 실행할 수 있는 리서치 방법인 인터넷 설문조사를 추천한다. 이 설문조사 결과를 보도자료로 작성하여 언론에 배포하는 활동이다.

인터뷰

인터뷰를 활용하여 기사를 만드는 언론홍보다. 언론에 이슈가 되는 정부부처나 공공기관이라면 인터뷰는 어렵지 않게 이루어진다. 우리 기관을 소개하거나 새로운 정책 등을 소개하는 것은 좋은 인터뷰 소재다. 특히 기자에게 우리 정책에 대해 충분히 소개할 수 있는 기회이므로 전략적으로 활용하면 좋다.

또 인터뷰 대상(인터뷰이)으로 반드시 기관장만 고집할 필요는 없다. 기관 내 그 이슈와 관련해서 잘 아는 직원이나 중요 인물들이면 모두 가능하다. 물론 인터뷰 전에 충분한 준비는 필수다. 인터뷰 내용과 방법을 어떻게 할 것인지 홍보부서의 전략이 필요하다.

프레스 투어

프레스 투어(press tour)는 기자가 취재 현장을 방문하여 탐방취재를 하는 활동이다. 일반적으로 지방이나 해외 현장을 보도하고 싶을 때 홍보부서에서 관련 기자단을 소집하여 진행한다. 홍보부서에서는 이때 꼭 특별한 메시지를 준비해야 한다. 단순한 방문 개념보다는 뉴스 가치를 줄 수 있는 메시지가 준비되었을 때 프레스 투어는 더욱 의미가 있다. 또 사전에 동행 기자단에게 충분한 자료를 제공해야 효과적이다.

기자간담회

기자간담회는 기자들에게 일일이 이메일로 보도자료를 보내는 것보다 훨씬 효과적이다. 기자들을 한꺼번에 불러 모아놓고 직접 설명하는 자리이기 때문에 메시지를 더 명확하고 상세하게 전달하여 이해도를 높일 수 있다. 그래서 기자간담회는 언론에 중대한 사실을 밝히거나 중요한 홍보가 필요할 때, 보도자료만 배포해서는 실질적인 내용을 설명하기 어려울 때 활용하면 효과적이다.

보도자료란 무엇인가

보도자료는 언론미디어에 보도를 목적으로 보내는 기사체 문서를 말한다. 보도자료를 쓸 때 염두에 둘 점은 보도자료를 보는 타깃인데, 보도자료를 보내는 대상은 언론미디어지만 언론에 게재된 기사를 보는 타깃은 독자다. 정부부처나 공공기관의 독자는 주로 정책수혜자나 정책 관련자로 시민, 국민, 주민 등이 여기에 속한다. 뒤에 보도자료 작성에서 더 자세히 다루겠지만 여기서 보도자료를 쓸 때 주의할 점을 몇 가지 언급하겠다.

먼저 쉽게 쓰자. 독자를 중학생 정도로 생각하고 써야 한다. 보도자료 문장은 쉽게 풀어서 쓰고, 긴 장문이 아닌 짧은 단문으로 써야 한다. 즉, 문장에 주어와 서술어가 하나씩만 있으면 단문이 된다.

둘째, 말로 이야기하듯 쓰자. 말이 있고 글이 있다. 그래서 쓰면서 무조건 읽어보기를 권한다. 20년 이상 기자

경력이 있는 신문사 데스크도 기사를 점검할 때 소리 내어 읽는다고 한다. 중얼중얼 소리 내어 읽어가다가 어색하거나 막히는 부분이 있으면 글이 맞지 않는 부분이 있는 것으로 생각하면 된다.

셋째, 기자가 되어 기사처럼 쓰자. 홍보담당자가 보도자료를 쓰는 것이 아니라 기자가 기사 쓰듯이 쓰자. 그렇게 쓴 보도자료는 취재기자가 조금 손질해서 기사화할 확률이 높다. 이를 위해 생각할 것이 현장감이다. '현장감' 있는 보도자료는 기자에게 인기가 높다. 기자는 직접 취재한 것 같은 보도자료, 즉 현장감 있는 보도자료를 좋아한다. 그래서 기자는 사례나 인터뷰 등 현장의 목소리를 선호한다.

넷째, 보도자료 분량은 10~15포인트 글자로 A4 1~2장 정도로 쓰자. 신문기사는 보통 원고지 4~7매 정도다. 즉, 10매 2000자 이하가 대부분이다. 그래서 보도자료는 A4 1~2장으로 쓰고 나머지는 첨부자료로 추가하자.

언론이 좋아하는 보도자료

언론에 실리는 보도자료에는 공통된 요소가 있다. 무엇보다, 독자의 관심을 끄는 주제여야 한다. 독자의 일상과 밀접한 정책이나 서비스는 생활 정보로 받아들여져 쉽게 기사화된다. 또, 이왕이면 많은 사람에게 영향을 주는 소재일수록 보도 가치는 높다. 특정 계층이 아닌 전체 국민의 관심사일수록 유리하다.

둘째, 시의성과 트렌드도 중요하다. 기념일이나 계절 이슈, 사회적 빅 이벤트와 맞물리는 내용은 기자의 눈길을 끌 수 있다. 기자는 기념일을 좋아한다.

셋째, 기자는 스토리를 좋아한다. 감동을 주는 미담이나 극복 스토리도 언론이 선호하는 소재다.

넷째, 여론을 반영한 설문조사 결과나 통계 수치, 인포그래픽 등 시각자료를 첨부하면 신뢰도를 높일 수 있다.

언론이 꺼리는 보도자료

언론이 외면하는 보도자료에도 몇 가지 공통된 특징이 있다. 가장 대표적인 것은 독자의 관심과 전혀 관련이 없는 내용이다. 정책의 수혜자나 국민의 생활과의 연결점이 없는 정보는 뉴스 가치가 떨어진다.

둘째, 핵심 메시지가 없이 장황하게 중언부언하는 자료도 기자의 선택을 받기 어렵다. 긴 문장과 복잡한 구조, 불필요한 수식이 많은 글은 가독성을 해친다.

셋째, '역대급', '최강', '최고'처럼 객관적 근거 없는 표현은 언론에서 경계한다. 오히려 점수나 순위 같은 수치를 활용한 자료가 설득력이 있다.

넷째, 무엇보다 언론은 홍보성이 강한 자료를 꺼린다. 보도자료는 광고문이 아니며, 공적 정보 전달이라는 언론의 역할과 맞아야 기사로 다뤄진다.

끝으로, 이미 언론에 보도된 내용을 반복하거나 유사한 사례를 재탕한 자료 역시 기사의 우선순위에서 밀릴 수밖에 없다. 그런데 중요한 이슈라면, 보도자료 종류를 변경해 배포해야 한다.

보도자료 종류

보도자료의 종류는 크게 스트레이트기사 보도자료, 기획기사 보도자료, 사진기사 보도자료로 나눌 수 있다. 스트레이트기사 보도자료를 다시 나누면, 정책 · 법령 안내형, 사업 · 서비스 안내형, 행사 안내형 등으로 구분할 수 있다. 그 외에 탐방기사 보도자료, 기고, 칼럼 보도자료, 인사, 동정 보도자료 등이 있다.

스트레이트기사 보도자료

스트레이트기사(straight articles) 보도자료는 사실(fact) 중심의 가장 일반적인 보도자료다. 즉, 논평이나 의견을 배제하고 사실(fact)만을 소재로 쓰는 것으로 여기에는 홍보부서의 주관적인 생각이 개입되어서는 안 된다. 흔히 홍보담당자들의 실수가 여기에서 많이 나온다.

그림 1-1. 보도자료의 역삼각형 구조

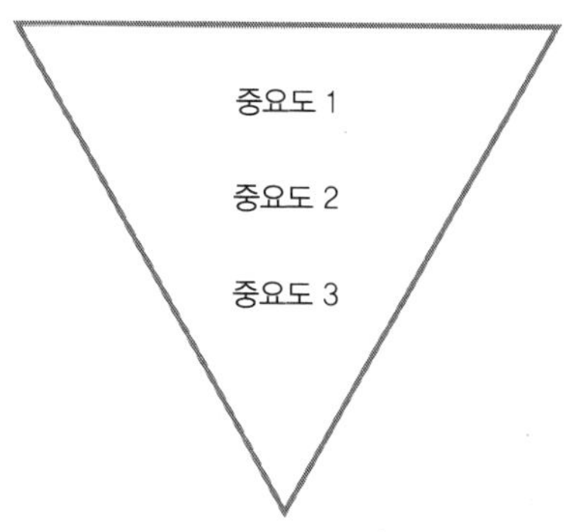

스트레이트기사 보도자료의 소재로는 정책 발표, 행사 공지 등 일반적인 사항이 주로 차지하며, 배포 방법도 전체 기자를 대상으로 배포하는 것이 가장 좋다.

또한 대부분의 스트레이트기사 보도자료는 내용의 중요성 측면에서 핵심 내용이 앞에 위치하는 역삼각형 구조로 구성한다. 즉, 두괄식으로 써 나가는 형태로 중요한 내용을 먼저 쓰는 형태다.

스트레이트기사 보도자료를 역삼각형 구조로 쓰는 이유는 두 가지다. 첫째는 독자에게 중요한 내용부터 읽도록 유도하는 것이다. 그래서 독자가 기사를 읽다가 중단하더라도 중요한 내용은 읽게 하는 것이다. 둘째는 언론 편집 과정에서 보도자료가 길어 일부 삭제할 경우 아래부터 자르는 경향이 있어 이왕이면 덜 중요한 내용이 삭제되도록 하기 위해서다.

스트레이트기사 보도자료의 세 가지 유형인 정책 · 법령 안내형, 사업 · 서비스 안내형, 행사 안내형에 관해 설명하겠다.

① 정책 · 법령 안내형 보도자료

정책 · 법령 안내형 보도자료는 정부부처나 공공기관이 새로운 법령을 제정하거나 정책을 시행할 때 국민의 이해와 수용을 돕기 위해 활용된다. 주로 입법예고, 국무회의 의결, 시행일 안내 등 정책 추진 단계에 맞춰 배포되며, 공공의 이익과 생활 변화를 중심으로 메시지를 구성하는 것이 특징이다.

제목과 부제목에는 해당 정책의 명칭과 핵심 목적을 명확하게 담는다. 리드문에는 법령 개정 또는 정책 시행의 배경과 필요성, 추진 배경 등을 서술하고, 이어지는 본문에는 주요 변경 내용, 적용 대상, 절차 등 실질적인 메시지를 중심으로 풀어낸다. 일정이나 향후 계획도 포함해 정책 추진 흐름을 보여 준다.

국민 생활에 어떤 변화가 생기는지, 어떤 편익이 기대되는지를 강조하는 것이 효과적이며, 정책 실현을 위한 국민 협조 요청도 함께 담는다. 끝으로, 기관장이나 실무자의 인용을 통해 신뢰를 높이고, 첨부자료로는 예상 질의응답(Q&A), 용어 설명, 인포그래픽 등을 제공해 이해를 돕는 것이 바람직하다.

② 사업 · 서비스 안내형 보도자료

사업 · 서비스 안내형 보도자료는 정부부처나 공공기관이 새로 추진하는 사업, 업무협약(MOU), 서비스 개선, 정책 실적, 콘텐츠 발간, 대외 수상 등을 국민에게 알리고 참여와 호응을 유도하기 위한 목적으로 작성된다. 정보 전달뿐만 아니라 정책 브랜드 가치를 높이는 데도 활용된다.

제목과 부제목에는 사업의 명칭과 추진 의의를 간결하게 담고, 리드문에서는 '무엇을 위한 사업인지' 사업 개요를 제시해 독자의 이해를 돕는다. 이어지는 본문에는 사업 추진 배경과 핵심 내용, 기대되는 성과를 중심으로 주요 메시지를 배치한다. 국민 생활의 변화나 정책 수혜자의 이점을 강조하면 기사화 가능성이 높아진다.

추진 일정이나 향후 확대 계획, 참여 절차도 함께 안내해 실질적 정보를 제공하고, 참여를 독려하는 문구나 국민 협조 요청도 포함한다. 담당자의 인용은 정책의 신뢰성과 진정성을 높이는 데 도움이 되며, 주요 수치나 성과 내용은 표나 목록으로 정리해 시각적으로 강조하는 것이 좋다.

③ 행사 안내형 보도자료

행사 안내형 보도자료는 정부부처나 공공기관이 주최하는 행사, 캠페인, 프로모션, 기념식, 세미나 등 다양한 현장 활동을 홍보하고 참여를 유도하기 위한 목적에서 작성된다. 행사 전후로 참여를 독려하거나 행사 결과를 정리해 알리는 데 효과적이다.

제목과 부제목에는 행사명이나 핵심 메시지, 슬로건을 강조하고, 리드문에는 행사 개요를 요약한다. 행사명, 일시·장소, 주최 기관, 주요 참석자를 간결하게 제시하며, 본문에는 행사 개최의 취지와 목적을 중심으로 주요 메시지를 전달한다.

프로그램 구성이나 세부 순서, 체험 부스 등 행사 진행 내용도 함께 소개하며, 참여 대상과 방법, 사전 신청 안내 등도 포함하면 실용적인 정보 전달이 가능하다. 행사 후에는 현장 스케치와 성료 소식을 통해 의미를 강조하고, 담당자의 인용을 통해 메시지의 진정성을 더한다.

붙임 자료로 행사 일정표, 초청장, 주요 사진 등을 제공하면 기사화 가능성이 높다.

기획기사 보도자료

기획기사 보도자료는 홍보담당자들이 가장 고민하는 보도자료다. 어차피 스트레이트기사 보도자료는 뉴스거리가 발생하면 사실 중심으로 작성하면 되지만, 기획기사야말로 홍보담당자들의 실력을 발휘해야 하는 언론홍보 활동이다.

기획기사는 한 가지 주제를 기획하여 만드는 보도자료다. 그러기 위해서 사회적 이슈, 트렌드, 테마 등을 잘 읽어내어 이를 주제로 선정하여 보도자료를 작성해야 한다. 또 정기 행사, 성과자료 같은 밋밋한 아이템도 스트레이트기사 보도자료보다는 기획기사 형태로 해야 한다.

보도자료 형태도 역삼각형에서 벗어나 자유롭게 작성할 수 있다. 그뿐만 아니라 배포 전략도 필요하다. 스트레이트기사용 보도자료와 같이 전체 배포를 하기보다는 타깃 언론사를 공략해야 한다. 이때 매체의 적정성, 기사화 가능성, 홍보 효과를 고려하여 매체를 선택해서 진행해야 한다.

사진기사 보도자료

사진기사 보도자료(photo event)는 미디어 커버리지 증대와 이슈 확장 효과 등 사진의 효과를 노린 사진 중심의 보도자료를 말한다. 사진기사 보도자료는 두 가지 방법이 있다. 첫째는 사진 이벤트를 진행하여 사진 기자를 초청하여 사진 기사화를 유도하는 방법이 있고, 둘째는 홍보부서에서 직접 촬영하여 보도자료로 만들어 언론에 제공하는 방법이다.

사진기사용 보도자료에서 중요한 사항은 사회적 관심

을 끄는 시의성과 재미, 그리고 공익성 등을 주제로 선정하는 게 좋다. 무엇보다도 사진이 중요하므로 사진이 잘 나올 수 있어야 한다. 사진기자가 선호하는 사진 내용으로 흔히 3B[Beauty(미인), Baby(어린이), Beast(동물)]가 있는데 원래는 광고의 필승 법칙이지만 사진이벤트에도 활용한다. 아름다운 모델, 귀여운 어린이, 애완동물을 사진 모델로 기용하는 이유가 여기에 있다.

기고 · 칼럼 보도자료

언론 기고나 칼럼 보도자료는 기관장이나 실 · 국장 등 간부가 할 수 있는 홍보 활동 중에 매우 중요한 전략이다. 기관장이나 실 · 국장은 관련 분야에서 대표성을 띠고 있으므로 칼럼이나 의견을 언론에 기고할 수 있다. 기관장이나 실 · 국장이 언론에 게재한 기고문이나 칼럼은 정책을 홍보하고 여론을 형성하는 데 매우 큰 영향을 준다.

인사 · 동정 보도자료

인사 · 동정은 기관장, 임직원, 사내 행사 등 다양한 뉴스를 소개할 수 있는 코너다. 주요 일간지는 인사 동정 면이 별도로 할애되어 있어 비교적 접근하기 쉬우므로 홍보부서에서 많이 활용하면 좋다.

기관 내 소식을 간략히 정리 후 담당 기자에게 보내 부탁하는 방법도 있지만, 대체로 인사 동정 면 담당기자가 별도로 있으므로 알아두고 자주 활용하는 것도 괜찮다.

02
언론 기사화 과정

보도자료 목적은 언론기사로 나오는 거다. 그렇다면 신문기사가 나오는 과정을 이해하면 정책 보도자료를 어떻게 작성해서 기자에게 전달해야 하는지에 대한 이해가 쉽다. 언론은 보도자료를 가공하여 기사화하기 때문에 보도자료의 1차적 수요자이며 게이트키퍼(gate keeper)라고 할 수 있다.

언론미디어에서 '게이트키퍼'라는 용어는 어떤 사건이 기사화되는 과정에서 언론이 하는 취사선택의 역할을 의미한다. 즉 언론이 보도자료를 기사화하느냐 마느냐에 따라 국민들에게 그 내용이 제대로 알려지느냐의 여부가 결정된다는 것이다.

신문기사가 나오기까지 언론은 이른 아침부터 밤늦은 시간까지 분주하고 치열하게 움직인다. 언론사도 영리를 추구하는 기업이다 보니 기사가 상품이다. 모든 언론사는 경쟁 언론사보다 더 빠르고 정확하고 유익한 정보를 전달하는 것이 사명이다.

따라서 이러한 언론인들의 목적과 행동방식을 잘 이해하게 되면 보도자료를 활용한 정책홍보에서 많은 효과를 거둘 수 있다.

신문 방송 기사 프로세스

신문은 발행단위와 성격에 따라 일간지, 주간지, 전문지, 종합일간지 등 여러 가지로 구분된다. 여기서는 매일 발행하며 사회 전체를 다루는 종합일간지를 기준으로 설명하려 한다.

지상파나 종편 방송은 신문과 달리 실시간 화면 송출이 가능하다는 커다란 차이점이 있지만, 보도자료를 취재에 활용하는 과정은 기본적으로 유사점이 많다.

여기서는 신문 제작 과정을 살펴봄으로써 보도자료를 어떻게 만들고 기자에게 전달해야 하는지에 대한 이해를 돕고자 한다.

데스크 회의

취재기자들은 각 출입처로 출근하자마자 그날의 취재 계획을 데스크(desk, 취재부서 부장 또는 차장)에게 아침 9~

10시경 보고한다. 이를 일보 또는 데일리 리포트(daily report)라고 한다. 기자들이 출입처에서 미리 받은 보도자료나 배포 예정사항도 이 취재 계획에 포함된다.

따라서 전날 퇴근 전에 미리 보도자료를 기자에게 이메일 등으로 전달해 놓거나 늦어도 당일 아침 9시 전에 보내야 기자들이 보도자료를 취재계획에 포함할 가능성이 커진다.

이 취재계획 보고를 바탕으로 편집국장 주관으로 각 취재부서의 부장 등 데스크들이 모여서 그날의 지면을 어떻게 꾸밀 것인지 논의하는데 이를 데스크 회의라고 한다.

데스크회의는 1면부터 시작해 각 주요 지면을 어떻게 구성할 것인지를 논의하는 자리다. 데스크회의는 오전부터 시작해 오후까지 여러 차례 계속 열린다. 데스크 회의는 보통 오전 10시, 오후 2시, 오후 4~5시, 오후 9시 정도에 열린다. 이 회의를 바탕으로 지면 마감시간인 오후 4~5시까지 지면배치는 계속 변한다.

당일 시급하게 작성되어 배포되어야 하는 보도자료는 최소한 마감 전까지는 기자에게 전달되어야 한다. 대체로 오후 2시경에는 갑자기 발생하는 사건 · 사고, 정책발표 등을 제외한 대부분의 신문 지면이 확정되기 때문에 이 시간 전에는 보도자료가 기자에게 전달되게 하는 것이 좋다.

취재 지시

데스크회의에서 지면 방향이 결정되면, 일선 기자들에게 취재 지시가 내려간다. 1면 톱 기사부터 1단 단신에 이르기까지 기자들은 데스크의 지시에 따라 취재를 하고 기사를 작성해 송고한다.

데스크회의가 오후까지 계속 열리면서 지면배치가 달라지면 취재기자의 기사 작성에도 변화가 생기기 마련이다. 오후에 갑자기 새로운 큰 뉴스가 발생하면 오전의 기사계획이 전면 수정되기도 한다. 당장 보도가 급하지 않은 기사는 다음 날로 넘어가기도 한다.

홍보부서는 보도자료의 기사화 과정에서 기자로부터 추가 자료 요청이 올 수 있으므로 신속하게 응대할 수 있도록 이에 대비하고 있어야 한다.

기사 작성

취재기자들은 데스크의 지시에 따라 기사를 작성하여 언론사로 송고한다. 노트북 등을 이용해 기사를 보내면 기사집배신 시스템으로 입력된다. 데스크는 기자들이 보내온 기사를 검토하고 수정하면서 미흡한 부분은 추가 취재지시를 내리기도 한다. 데스크의 이런 일을 데스킹(desking)이라 한다.

이렇게 작성된 기사는 취재부서에서 편집부서로 보내

진다. 편집부서에서는 기사의 제목을 뽑고, 최종적으로 지면 배치를 결정한다. 이 과정에서 기사 내용이 잘려 나가면서 분량이 줄어들기도 한다.

기사화

편집부를 거쳐서 기사의 배치가 끝나면 인쇄되어 활자화되거나 방송된다. 그러나 여기서 끝나지 않는다. 저녁시간에 수시로 발생하는 뉴스를 반영하면서 지면배치는 계속 달라진다.

이에 따라 신문은 통상 5번 정도 이른바 '판갈이'를 한다. 초저녁에 1판(초판, 가판)이 나오고, 밤 11~12시경에 가정으로 배달되는 가정판이 인쇄된다. 사실상 우리가 대개 접하는 마지막 판이다.

이후에도 새벽시간에 주요 외신 등을 반영하여 판이 새로 인쇄되기도 하지만 양이 적고 서울 시내 4대문 안의 신문 판매대에 비치된다.

보도자료가 기사화되면 오류나 문제가 없는지 체크해야 한다. 가판이 나오는 신문은 반드시 기사 내용을 확인한다. 만약 오류가 있으면 해당 기자에게 연락해 수정을 요구한다. 그러면 다음 날 최종판에는 정확한 기사가 실릴 수 있다.

언론미디어 용어

앞에서 말했듯이 언론사에서는 취재부장을 '데스크(desk)'라 부른다. 말 그대로 취재기자들은 현장에 취재하러 나가고 취재부장이 데스크에 앉아서 기자가 송고한 기사의 문맥이나 팩트를 살피는 일을 말한다. 데스크처럼 언론사에서 주로 사용되는 용어들이 있다. 물론 일본말을 그대로 사용하고 있는 은어도 있다. 관용적으로 쓰이는 용어를 몇 개 정리했으니, 언론기자와 소통에 참고하기 바란다.

- 톱(Top) 지면의 대표 기사
- 바이라인(by-line) 기사 뒤에 기자의 이름을 밝히는 것
- 게이트 키핑(gate keeping) 뉴스 미디어 조직 내에서 기자나 편집자와 같은 뉴스 결정권자에 의해 뉴스가 취사선택되는 과정
- 오프 더 레코드(Off the record) 정부기관의 관리가 언론에 어떤 정보를 제보하거나 또는 기자와 회견할 때 그 정보의 배경이나 상황 이해를 위해 알려주기는 하지만, 그 내용이나 출처를 공표하지 말도록 약속의 조건을 붙이는 것, 또는 이러한 조건으로 제보하는 정보
- 엠바고(embargo) 일정 시점까지 보도금지를 뜻하

는 언론용어

- **야마** 기사의 주제나 핵심. '야마'는 '산(山)'을 뜻하는 일본어에서 유래
- **도꾸다이** 특종, 단독기사. '도꾸다이'는 한자로 독대(獨對)를 뜻하는 것으로 추정
- **우라까이** '베끼기'. 보통 기사를 취재하지 않고 다른 기사를 베껴서 쓸 경우를 말함. '우라까이'는 일본어 '우라가에스'(뒤집다, 변경하다)에서 유래한 표현으로 추정
- **받아쓰다** 다른 언론사가 쓴 기사를 뉴스 가치가 커서 출처를 인용하는 등의 방식으로 다시 쓰는 것
- **풀(pool)** 취재 장소의 공간적 한계 등으로 인해 취재를 원하는 다수 언론사 중 일부 기자를 대표로 선발해 취재하게 하고, 그 내용을 여타 언론사가 보도할 수 있도록 공유하는 것
- **PG(Press Guidance)** 부정적 보도 등이 예견되는 민감한 현안과 관련하여 예상되는 언론 질의에 응대하기 위해 공공기관에서 내부 직원용으로 작성한 질의응답(Q&A) 자료

국내 언론사 현황

국내 언론사는 분류별로 신문(일간 · 주간), 주간지 등 인쇄매체와 방송(지상파 · 종편)으로 분류된다.

문화체육관광부 정기간행물 등록 현황(2025년 6월 14일 기준)에 따르면, 현재 일간지 382개, 주간지 2,957개, 인터넷신문 12,663개, 뉴스통신은 내신 37개, 외신 22개에 달한다.

전국에 배포되는 종합일간지에는 경향신문, 국민일보, 내일신문, 동아일보, 매일경제신문, 문화일보, 서울신문, 서울경제신문, 세계일보, 조선일보, 중앙일보, 한겨레, 한국경제신문, 한국일보(가나다순) 등이 있고, 뉴스도매상이라 일컫는 뉴스통신은 연합뉴스, 뉴시스, 뉴스1, 뉴스핌 등이 있는데, 뉴스통신은 홍보부서의 보도자료 배포에서 보면 뉴스의 허브 역할을 하므로 아주 중요하다.

국내 방송사는 지상파, 종편, 뉴스전문채널 등으로 구분된다. 방송사는 KBS, MBC, SBS, EBS OBS, JTBC, 채널A, TV조선, MBN, YTN, 연합뉴스TV 등이 있다. 이밖에 전국의 지역별 케이블 뉴스방송이 있다.

03
보도자료 구성과 기획, 작성, 배포 프로세스

홍보부서에서는 언론홍보를 위해 보도자료 소재를 개발하고 보도자료를 기획하고 작성하여 당일 아침 9시 이전에 기자들에게 이메일로 배포한다. 그리고 기사화된 보도자료를 체크한다.

여기서 보도자료, 프레스 릴리즈, 퍼블리시티를 좀 더 구체적으로 나눠 보자. 보도자료는 보도를 위해 홍보부서에서 쓴 자료를 말하며, 프레스 릴리즈는 프레스(press)에 릴리즈(release)하는 행동, 즉 언론에 배포하는 것이다. 또 퍼블리시티는 기사화 작업이다. 이렇게 언론홍보는 크게 3단계다. 홍보부서에서 보도자료를 써서 프레스 릴리즈를 하고 기사화되는 과정이다. 이번 장에서는 보도자료 기본 구조를 활용한 보도자료 기본 구성과 소재 개발, 배포 방법에 대해 알아본다.

보도자료 기본 구성

보도자료 중 가장 많이 쓰는 것은 스트레이트기사용 보도자료로 기본 구성은 크게 제목, 본문, 첨부로 구성되었다. 좀 더 자세히 나눠 보면 그림 1-2 '보도자료 기본 구조'와 같이 주제목, 부제목, 본문, 리드문, 인용문, 첨부 등 6부분으로 나뉜다. 부분별로 좀 더 자세히 설명하겠다.

주제목

보도자료 기본 구조 가장 위에는 주제목(headline)이 있다. 주제목은 눈에 띄게 써야 하며 간결하고 함축적으로 써야 효과적이다. 기자는 하루에도 수십 건의 보도자료를 받기 때문에 기삿거리를 찾으려 보도자료를 보는 경우 주제목을 훑어가면서 눈에 띄는 제목에 우선적으로 관심을 갖기 때문이다.

부제목

주제목 아래엔 1~3개 정도 부제목(sub headline)을 쓴다. 주제목과 겹치지 않고 주제목을 보완해 주는 주요 메시지다.

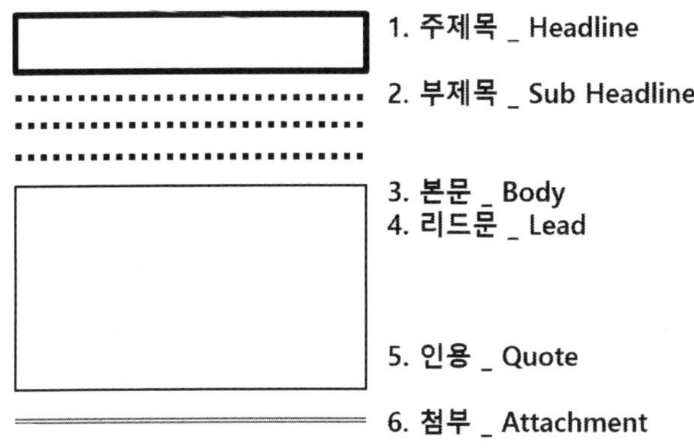

그림 1-2. 보도자료 기본 구조

본문

본문(body)은 크게 리드문, 실제 본문, 인용문으로 나눌 수 있으며, 일반적인 스트레이트기사 보도자료는 '역삼각형'이다. 역삼각형 구조는 중요한 사항을 먼저 쓰면서 점점 상세한 내용을 기술해 나가는 방식이다.

주제목과 부제목, 리드문에 무게를 두고 있어서 주제목과 부제목, 리드문만 보아도 전체 내용을 알 수 있게 된 구조다. 또 본문 역시 맨 앞에 리드문을 두고 그다음 실제 본문과 보충설명 그리고 말미에 인용문을 두는 역삼각형 구조다.

리드문

리드문(lead)은 본문의 맨 앞에 쓰며, 본문이 주장하는 바를 함축적으로 표현하고 본문으로 관심을 끄는 역할을 한다. 주로 핵심 사항을 육하원칙(5W1H)에 따라 누가(who), 언제(when), 어디서(where), 무엇을(what), 어떻게(how), 왜(why) 했는지 서술해 나가는 것이 좋다. 물론 육하원칙을 모두 포함시킬 필요는 없다. 전달하려는 메시지를 명확하게 표현하면 된다.

리드문의 목적은 독자가 리드문 한 문장만 읽어도 기사 내용을 충분히 알 수 있어야 하고 리드문을 통해 다음 문장까지 이끌려 가도록 해야 한다. 독자는 그다음 실제 본문에서 보도자료의 상세 내용을 읽도록 한다.

인용

보도자료 내용에서 강조하고 싶은 중요 사항은 인용(quote)을 따는 것이 효과적이다. 주요 인물의 말을 인용하게 되면 메신저 효과(messenger effect)로 보도자료의 신뢰도를 높일 수 있다. 기자는 살아 있는 현장의 목소리를 좋아하므로 인용이 담긴 보도자료는 기사화될 수 있는 좋은 방법이다. 보도자료에 인용 부호인 큰따옴표(“ ”)를 넣어 기관장, 해당 부서 실·국장, 담당자 등의 인용을 넣으면 독자는 훨씬 더 기사 내용에 신뢰감을 갖게 되며 현장감을 느낄 수 있게 된다.

첨부

보도자료 첨부(attachment) 자료는 크게 세 가지다. 보도자료만으로 자료가 충분하지 않을 때 보완할 수 있는 상세자료, 메시지를 강조할 수 있는 이미지 자료, 그리고 해당 기관을 소개하는 기관 소개서다.

보도자료 기본 구조를 통해 전체적인 보도자료 작성에 대해 설명했다. 주제목부터 부제목, 본문, 리드문, 인용문, 첨부 등 상세한 기획과 작성법에 대해서는 사례와 함께 뒤에 구체적으로 설명하겠다.

정책 보도자료 프로세스와 소재 개발

정책을 진행하는 실·국 등 실무부서에서 보도자료를 작성하면, 이를 배포하기 전에 대변인실, 공보관실 등 홍보부서에서 최종 검토를 하게 된다. 정책 실무부서에서는 보도자료 작성 경험이 많지 않은 실무자가 대부분이기 때문에 이를 검토하여 수정 보완하는 대변인실 역할이 매우 중요하다.

정책 보도자료 프로세스는 보도자료 소재 발굴, 보도자료 작성 및 검토, 보도자료 배포 등의 절차를 거치게 된다.

정책 보도자료 소재 발굴

보도자료는 얼마나 가치 있는 정보를 담고 있는가에 따라 보도의 가능성이 결정된다. 내실 있는 보도자료를 작성하기 위해서는 정책 실무자가 적극적으로 보도자료 소재를 발굴하려는 노력이 있어야 한다.

대체로 정책부서에서 홍보의 수요가 있으면 보도자료를 작성하여 홍보부서로 전달하는 경우가 많다. 하지만 이 과정에서 정책부서가 보도가치를 정확히 판단하지 못하여 지나치는 경우도 많다.

따라서 홍보부서에서는 언론에 쉽게 보도될 수 있는 보도자료의 유형을 파악하고, 이를 정책부서와 상의하여 보도자료를 배포할 수 있게 준비하여야 한다.

정책 보도자료 소재는 크게 정책 캠페인, 법령, 스토리텔링 기사 소재 등이 있다.

정책 캠페인

정책 캠페인은 정책을 실행하는 과정에서 나타나는 대국민 캠페인, 관련 기관과의 업무협약, 정책 이해 당사자와의 공청회나 학술대회, 각종 기념식 등이 있다. 정책 실무부서나 홍보부서는 정책을 제대로 알리기 위한 홍보 캠페인이나 기관장 등 주요인사가 참석하는 행사, 공청회, 기념식 관련한 보도자료를 작성할 수 있다.

정책 캠페인 보도자료를 작성할 때에는 정책이 잘 소개될 수 있게 관련 자료를 함께 소개하는 것이 중요한 포인트다. 업무협약, 공청회 등 행사는 단순한 행사내용만 담으면 단신으로 그치거나 보도가 안 되는 예가 허다하기 때문이다.

① 대국민 캠페인

정부부처나 공공기관에서 가장 많은 보도자료 소재다. 정부부처나 공공기관에서 정책을 실행하기 위한 캠페인, 정책 홍보를 위한 캠페인이 여기에 속한다.

환경부의 '바이바이 플라스틱' 운동, 여성가족부의 '경력단절예방 윙크(W-ink) 캠페인', 경기도 교육청 '도박 예방 · 근절 캠페인', 한국관광공사의 '여행가는 봄', 한국산업안전보건공단의 '중대재해감축 캠페인' 등이 있다.

사례 1. 환경부 '바이플라스틱' 캠페인

"플라스틱 이제는 안녕…다회용품 사용 범국민 실천 확산(환경부, 2023. 8. 16.)

"국내외 전문가 모여 미세플라스틱 문제 논의"(환경

부, 2024.10.31.)
"플라스틱 오염 종식, 전 세계 협력 선도…국제사회에 순환경제 실천 행동구상 제시"(환경부, 2025. 6. 3.)

환경부는 2023년 8월부터 범국민을 대상으로 플라스틱 사용 줄이고 착한 소비 실천을 촉구하는 '바이바이 플라스틱(Bye Bye Plastic)' 캠페인을 진행하고 있다.

이는 불필요하게 사용되는 플라스틱을 줄이기로 약속하는 캠페인으로, 약속 내용을 자신의 사회관계망 서비스(SNS)에 올린 후 후속 참여자를 지목하는 방식이다. 환경부는 2023년 8월에 이 캠페인 시작을 알리는 보도자료를 배포했다. 한화진 당시 환경부 장관이 실천서약을 SNS에 올리고 캠페인에 동참하면서, 국회의원, 서울시장, 기업 대표 등에게 참여해 줄 것을 요청했다.

환경부는 '세계환경의날', '자원순환의 날' 등 주요 계기를 홍보에 이용하고, 국내외 전문가 초청 회의 개최, 경제협력개발기구 등과의 협력 사업 추진 등 해당 캠페인을 지속적으로 홍보하였고, 최근까지도 경제계 등 사회 각계에서 캠페인에 동참하고 있다.

사례 2. 여성가족부 '경력단절예방 윙크(W-ink) 캠페인'

"경력단절예방 주간 신설"(2018. 10. 19.)

"처음부터 끝까지 새일센터와 함께한 "경력단절 극복" 우수사례 공모"(2024. 9. 27.)

"경력단절여성 취 · 창업 지원에 헌신한 유공자 포상" (2023. 6. 22.)

"여성가족부-구글, 경력단절여성 재취업 함께 지원" (2025. 5. 2.)

여성가족부는 지난 2019년부터 여성들의 경력단절을 예방하고 일 · 생활균형 문화 확산을 위해 '경력단절 예방 주간'을 신설하고, 전국 여성새로일하기센터와 공동으로 '경력단절예방 윙크 캠페인'을 지속적으로 전개하고 있다.

첫 보도자료 배포 이후 경력단절 정책을 발표하고, 경력단절 여성의 취업과 창업에 기여한 유공자 포상, 경력단절 여성의 취업 · 창업 우수사례 소개, 관련 법 개정, 경력단절 여성과 장관의 현장 간담회 등 다양한 내용으로 지속적으로 보도자료를 배포하고 있다.

② 업무협약

두 개 이상의 기관이 공동 정책을 추진할 경우 기관장이나 부서장들 간에 업무협약(MOU)을 체결한다.

업무협약 보도자료는 취지, 내용, 기대효과, 기관장 코멘트 등으로 구성된다. 필요에 따라 업무협약 전문을 첨부하거나, 업무협약을 체결하는 상대 기관의 프로필을 소개하는 것도 이해를 높이는 좋은 방법이다.

업무협약은 기관장 참석 행사이기 때문에 자연스럽게 보도자료를 작성하게 되고 놓치는 경우는 드물다. 업무협약은 체결 당사자 기관들이 함께 보도자료를 배포할 때가 많다.

사례 1. 한국저작권위원회–국가과학기술인력개발원 업무협약 체결(한국저작권위원회, 2025. 7. 3.)

한국저작권위원회는 과학기술 분야 저작권 인식 제고 및 보호를 위해 국가과학기술인력개발원과 업무협약을 체결했다는 내용의 보도자료를 배포했다. 협약의 목적, 협약식 참석자 이외에 마지막에 원장 코멘트를 넣어 현장감을 살렸다. 보도자료 붙임에는 업무협약 체결식 사진과 사진설명을 넣어 언론이 보도에 활용할 수 있도록 했다.

사례 2. "대기업과 백년소상공인의 혁신적 동행, '백년소상공인' 경쟁력 강화 위한 상생협력 업무협약 체결"(중소벤처기업부, 2025. 3. 20.)

중소벤처기업부는 '백년소상공인' 경쟁력 강화를 위해 소상공인시장진흥공단-롯데웰푸드-백년가게협동조합연합회 등 3자간 상생 업무협약을 맺었다는 내용의 보도자료를 배포했다.

업무협약의 취지와 배경(대기업과 소상공인의 상생 모델 구축 등)을 밝히고, 협약의 주요 내용과 중소벤처기업부 장관과 롯데웰푸드 부회장 코멘트를 말미에 추가했다.

③ 공청회와 학술대회

정부부처나 공공기관이 주최하여 공청회나 학술대회 등을 개최할 경우에도 보도자료를 작성할 수 있다.

행사 보도자료에는 주제, 시간, 장소, 참석자 등 개요와 함께 발표 및 토론자료 원문을 미리 확보해 둔다. 기자의 요청이 있으면 제공하여 기사에 활용할 수 있도록 한다.

사례. "통계청, 제11회 국민 삶의 질 측정 포럼 개최"(통계청, 2025. 7. 3.)

통계청은 2015년부터 매년 국민 삶의 질 측정 포럼

을 개최하고 있다. 해당 보도자료를 통해 기조강연, 주제발표 등의 내용을 요약해서 소개하고, 국가통계원장의 코멘트를 말미에 배치했다. 보도자료 붙임에 행사 사진, 포스터를 추가해 기사작성에 활용할 수 있도록 했다.

④ 기관 개청 등 각종 기념식

기관의 개청이나 몇 주년 기념행사 보도자료도 있다. 이 경우에는 행사 개요(주제, 일시, 장소, 참석자 등)와 함께 보도자료에 그 의미를 부여하는 내용을 추가하는 것이 메시지 전달의 의미가 있어 효과적인 홍보 효과를 얻을 수 있어서 좋다. 기념행사의 경우 그간의 활동 경과와 실적을 포함하여 홍보되도록 하면 좋다.

사례. "창원특례시, 7월 3일 출산의 날 첫 기념식 열려"(창원특례시, 2025. 7. 3.)

창원특례시는 출산 장려를 위한 공식 행사로 출산의 날 기념식을 개최했다. 인구감소로 인한 지역소멸이 심각한 사회문제로 대두되는 상황에서 창원특례시의 이번 행사는 사회적으로 시사하는 바가 있다. 보도자료에서 앞부분에 행사 개최의 취지(출산 장려와 아이 키우기 좋은 환경 조성)를 밝혔다. 이와 함께 행사에서 참석자들이 출산 바람이 창원 전역에 불어오는 희망의 메시지를 전하는 취지로, '출산의 날' 문구가 적힌 부채를 함께 들고 부치는 이벤트도 개최하였다. 그리고 마지막으로 창원시장 권한대행의 다짐을 포함하는 코멘트를 소개했다.

⑤ 통계

정부부처나 공공기관에서 발표하는 통계의 경우, 언론에서 쉽게 보도가 되는 보도자료 소재다. 언론은 통계를 좋아한다. 통계는 긴 설명이 필요 없이 바로 메시지를 전달해 주기 때문이나.

특히 통계는 독자들이 쉽게 이해할 수 있도록 인포그래픽이나 그래프로 만들어 주면 기사화 가능성이 커진다.

사례 1. "2025년 5월 고용동향"(통계청, 2025. 6. 11.)

통계청은 매달 고용동향 통계를 발표한다. 통계의 의미를 설명하는 별도의 본문이 없이 통계 수치를 일목요연하게 전달하는 데 주력하고 있다. 복잡하고 다양한 통계치를 알기 쉽게 한 장짜리 인포그래픽으로 제작했고, 고용통계 요약, 전체 통계의 순서로 보도자료를 구성했다.

사례 2. "2022년 출입국자 전년대비 326% 증가"(법무부, 2023. 1. 20.)

법무부는 2022년도 출입국자 통계를 발표했다. 보도자료의 주요 메시지는 코로나19 사태 이후 출입국자 수가 회복세에 있다는 것이다. 코로나19 사태로 급감했던 출입국자 수가 다시 늘어나면서 정상화의 길로 접어들고 있다는 메시지는 반가운 소식이다. 이와 함께 내국인이 여행 등을 위해 자주 찾는 해외 국가들과, 한국을 찾는 국가별 순위 등도 함께 소개했다.

법령 제 · 개정

정부 부처의 경우에는 법령 제정과 개정이 가장 일반적이고 중요한 보도자료다. 정책은 법령에 근거를 두기 때문에 새로운 정책을 추진하기 위해서는 법령 제정과 개정이 반드시 수반된다.

법령이 입안되고 확정, 시행되는 과정들 모두 보도자료로서 가치가 있다. 그래서 홍보부서는 입법예고에서부터 공포와 시행에 이르기까지 법령 추진 단계별로 보도자료를 작성할 수 있다.

① 입법예고

정책은 실무자들의 손을 거쳐서 구체적 입안 단계에 들어가게 되고 법령의 형태로 마련되어 시행된다. 새로운 법령이 추진되고 있다는 것을 구체적으로 알리는 사실상의 첫 단계가 '입법예고'다.

입법예고는 정부부처가 어떤 법령을 새로이 입안하거나 기존 법령을 개정할 경우 국민들에게 "이런저런 법령을 새로 마련하고자 하니 공지하시고 의견을 개진해 주시기 바랍니다"라며 국민 의견을 수렴하는 형식이다.

입법예고를 하게 되면 각 부처의 홈페이지, 법제처 홈페이지, 관보 등을 통해 국민들에게 그 사실을 알리게 되어 있다. 입법예고 이후 홈페이지나 공청회 등을 통하여 국민들의 의견을 수렴하고 그 내용을 입법내용에 반영한다.

입법예고는 정책 보도자료의 가장 일반적이고 잘 알려진 소재다. 시행령이나 시행규칙 개정 관련한 입법예고의 경우, 중요도에 따라 보도자료 가치 판단이 필요할 경우도 있다.

입법예고는 국민 실생활에 중대한 변화를 야기하는 내용이 담길 경우 보도자료를 배포하고 또, 장관이나 실·국본부장, 과장 등 고위 공직자가 별도로 언론 브리핑을 하기도 한다.

입법예고 보도자료는 "정부, ○○○○년까지 ○○○정

책 추진", "○○○제도, 이렇게 바뀐다" 등의 제목으로 보도가 된다.

사례. "범죄피해자의 권익 보호를 위한 형사소송법 등 8개 법률 개정안 입법예고"(법무부 · 보건복지부 · 여성가족부, 2023. 12. 27.)
법무부 · 보건복지부 · 여성가족부는 공동으로 범죄피해자 권익보호를 위한 법 개정안을 입법예고했다. 개정안 핵심 내용을 요약하여 보도자료 앞부분에 배치함으로써 메시지를 효과적으로 전달하고 있다.
보도자료 본문에는 법 개정의 추진 배경, 주요 개정 내용, 향후 계획 등을 이미지와 도표를 활용하여 시각적으로 전달하고자 노력하고 있다. 법률의 개정 전후를 비교하는 '신구조문대비표'를 첨부했다.

② 국무회의 상정 · 의결
입법예고를 마친 법령은 관련부처 의견조율, 법제처 심사, 차관회의를 거친 뒤 국무회의에 상정된다. 대통령이 주재하고 각 부처 장관이 참석하는 국무회의는 정부가 추진하는 법안과 정책을 심의하는 공식적인 절차다. 법령이 국무회의에 상정되어 의결되면 이때도 보도자료를 배

포함 수 있다.

법령이 국무회의에 상정되는 경우는 크게 두 가지다. 법률안을 국회에 제출하기 직전에 의결하는 것과 이후 국회를 통과한 법률안을 공포하기 위한 국무회의 상정이 있다.

위 두 가지의 국무회의 의결에 따라 보도자료의 성격은 크게 달라진다. 앞의 경우에는 정부안으로서 확정된다는 의미다. 국무회의를 통과해 국회에 상정되어도 소관 상임위원회 및 법제사법위원회 심의, 본회의 의결이라는 복잡다단한 절차를 앞두고 있다. 이 과정에서 의원들 간의 이해관계에 따라 심사가 미뤄지면 법안이 표류하다가 자동폐기되는 경우도 적지 않다.

다만 법률안의 하위 법령인 시행령·시행규칙의 경우 국회 심의 과정이 불필요하기 때문에 국무회의 의결 이후 바로 시행된다.

사례 1. "「이공계 지원 특별법 시행령 개정안」 국무회의 의결로, 과학기술 인재 전주기 지원 「이공계 지원 특별법」 본격 시행"(과학기술정보통신부, 2025. 6. 19.)

과학기술정보통신부는 국무회의에서 「이공계 지원 특별법 시행령 개정안」이 6월 19일 심의·의결되어 6월 21일부터 시행될 예정이라고 보도자료를 배포했다.

시행령 개정안은 법률안과 달리 국회 심의를 거치지 않기 때문에 국무회의 의결을 통해 시행에 들어가는 것이다.

사례 2. "형사공탁제도 악용 방지를 위한 「형사소송법」「공탁법」 개정안 국무회의 통과"(법무부, 2024. 7. 23.)

법무부는 형사공탁제도의 악용을 방지하기 위한 법률안 2건의 개정안이 국무회의를 통과했다는 보도자료를 발표했다. 이 건은 해당 법률 개정안의 국회에 법률안 심의와 의결을 요청하기 위한 국무회의 의결이므로 아직 시행 여부는 미정인 상태다. 이런 보도자료는 법률안 개정을 위한 노력을 국민에게 알린다는 의미가 있다.

③ 국회 본회의 의결

법률안이 국회 본회의에서 의결되면 국무회의 의결을 통해 시행된다. 따라서 법안의 국회 본회의 통과는 보도자료를 반드시 내서 국민에게 알려야 한다.

사례. "전자감독 조건부 보석을 허용하는 법률 국회 통과"(법무부, 2020. 1. 10.)

법무부는 피고인이 전자감독 조건부 보석으로 석방될 수 있는 법률개정안이 2020년 1월 9일 국회 본회의를 통과해 202년 7월 중 시행될 예정이라고 발표했다.

법률안 부칙에 시행일이 명시되는 경우 이에 맞춰서 시행하게 된다.

④ 관보게재와 법률 공포 · 시행

국회와 국무회의를 모두 통과한 법률안은 관보 게재를 통해 시행일이 최종 확정된다. 이때 보도자료를 배포할 수 있으며, "○○○정책, ○○○부터 시행"이라는 제하로 보도가 된다.

다만, 국무회의 의결 시 시행일이 거의 윤곽이 확정되기 때문에 공포 · 시행 관련 보도자료를 별도로 낼지는 판단의 여지가 있다.

스토리텔링 기사 소재

스토리텔링형 기사는 좋은 소재다. 미담(美談)이나 에피소드가 여기에 속한다. 특히 기관 구성원과 관련한 미담은 보도자료 소재로 매력적이다.

미담 소재로는 첫째, 기관 구성원이 정책 추진과정에서 크게 기여했거나 귀감이 될 만한 공적이 있으면 가능하다. 정책을 기획하게 된 계기, 정책 추진 과정에서의 어려웠던 점 등을 스토리텔링하면 된다.

둘째, 공무를 수행하는 과정에서 민원인과 나눈 따뜻하고 인간적인 행실 등도 언론의 주목을 받을 수 있다.

셋째, 정책 수혜자 스토리다. 정책 이용자가 해당 정책을 통해 문제를 해결한 스토리는 매우 뉴스 가치가 높다. 정책 수혜 스토리는 보도자료뿐 아니라 동영상, 웹툰 등 다양한 콘텐츠의 좋은 소재다.

다만, 이런 스토리텔링 보도자료는 정책보도자료와 달리 전체 언론사에 배포하는 것보다 특정 언론사를 선정하여 독점 제공하여야 비교적 큰 지면을 배정받을 수 있다.

사례 1. "만델라 소년학교 소년수형자 검정고시 3회 연속 전원 합격"(법무부, 2025. 5. 8.)

법무부가 교도소 내에 소년수형자를 대상으로 검정고시 대비반을 운영했고, 이렇게 옥중에서 공부한 소년수들이 전원으로 3년 연속 검정고시에 합격했다는 내용의 보도자료다.

법무부는 수형자들이 자신의 과거 범죄를 뉘우치고 새로운 삶을 이어 가기 위해 대학에 진학해 우수한

성적으로 졸업하는 미담도 소개하고 있다.

사례 2. "'2만분의 1' 확률의 인연, 행복하고 건강하게 자랐으면…"(대한민국육군, 2012. 11. 12)

대한민국 육군은 2사단에서 법무관으로 근무하는 장교가 급성림파구성 백혈병으로 투병 중인 7살 소아암 남자 어린이에게 자신의 조혈모세포(일명 골수)를 기증한 사실이 알려져 추워지는 날씨에 훈훈한 미담이 되고 있다고 밝혔다.

해당 미담의 주인공이 10년여 전 고등학교를 졸업한 후 여의도 성모병원에서 백혈병 환자에게 혈소판을 제공하는 봉사활동에 참여, 그때 백혈병 등 혈액관련 질병을 앓고 있는 환자들에게 조혈모세포 이식이 간절하다는 사실을 알게 되어 기증자로 참여하게 됐다는 뒷얘기를 함께 소개하였다.

주인공의 인터뷰("얼굴을 보지 못해 아쉽지만 내 조혈모세포를 기증받을 어린이가 꼭 행복하고 건강하게 자랐으면 좋겠다")도 실었다.

마지막으로 군은 해당 중위의 용기 있는 군인정신을 높이 평가해 연말에 '노도용사상'을 수여할 예정이라며 의미를 부여하였다.

보도자료 배포 방법

보도자료 배포방법은 정부부처나 공공기관을 출입하는 기자단을 활용하거나 소관 정책에 관심이 있는 특정 매체 기자에게 배포한다. 보도자료 배포의 방식은 이메일을 통한 방식이 가장 일반적이다. 이밖에 신속한 배포와 이메일 수신 오류를 피하고자 카카오톡 등 소셜미디어 카카오톡 단체방을 이용하기도 한다.

정부부처의 경우 e브리핑 시스템(www.ebrief.korea.kr)에 보도자료를 등록하면 포털사이트 네이버에 자동으로 노출되어 검색에서 확인이 가능하다. 이밖에 정부부처나 공공기관 홈페이지에도 함께 게시하여 국민들이 직접 내용을 확인할 수 있도록 하고 있다.

이메일을 통해 보도자료를 배포하는 방법은 크게 두 가지가 있다. 하나는 모든 기자들에게 배포하는 일괄적 배포이며, 다른 하나는 미디어를 선정하여 배포하는 타깃 배포가 있다.

일괄적 배포는 '알림'을 주요 목적으로 할 때 많이 활용한다. 즉, 신규 정책, 서비스, 행사, 캠페인 등을 널리 고지할 때 활용하면 된다. 반드시 이미지 자료를 첨부해야 하며, 자료 배포 후에는 기자들에게 전화나 문자를 보내 수신 여부를 확인하는 게 좋다. 이때 기사 내용에 대한 간략한 설명과 함께 기사화를 부탁하면 효과적이다.

타깃 배포는 '구체적인 메시지 내용'을 주요 목적으로 할 때 활용한다. 중요한 홍보 내용을 자세히 알리고 싶을 때나 노출을 크게 하고 싶을 때 주로 활용한다. 이때는 미디어의 특성이나 영향력을 꼭 검토하고 게재 가능성이 어느 정도인지를 판단해서 미디어를 선정해야 한다. 그리고 보도자료를 전달하기 전에 기자와 사전 조율 후에 진행하는 것이 효과적이다. 배포의 개념보다는 기획기사를 위한 설득 작업이라고 볼 수 있다.

보도자료는 홍보담당자가 책상에 앉아서 쓰는 것이 다가 아니다. 이를 기획하고 작성하고 기자를 설득하고 기사화될 때 비로소 마무리된다. 보도자료 기획부터 배포까지 그 절차는 다음과 같다.

보도자료 소재 발굴

홍보담당자는 보도자료를 작성할 소재를 찾아야 한다. 이때 시의성과 흥미성 등을 함께 고려하여 소재를 발굴해야 한다.

자료 서칭

소재를 정했다면, 자료를 찾고 수집해야 한다. 이때 독자를 고려한 메시지가 제대로 만들어질 수 있는지 판단해야 한다.

보도자료 작성

보도자료를 작성한다. 위에서 제시한 보도자료 기본 구조를 참조하여 보도자료 틀을 잡고 보도자료를 작성한다. 보도자료 작성 방법은 뒤에 자세히 설명하겠다.

기자 접촉

보도자료 배포 방법은 두 가지다. 그중 타깃배포를 위해서는 작성한 보도자료를 가지고 기자를 접촉한다. 전체 매체에 일괄 배포할 경우에는 기자 접촉 없이 배포할 수도 있지만, 좀 더 효과적인 기사화를 위해서 일부 기자를 만나 보도자료 내용에 대해 자세히 설명할 필요도 있다.

보도자료 설명

퍼블리시티는 메시지 전달이 목적이며 그 첫 단계로 미디어를 설득해야 한다. 즉 홍보담당자가 정책 메시지를 개발하여 보도자료에 담아 기자를 설득해서 뉴스 가치를 느끼게 하여 기사를 쓰도록 해야 한다. 기자를 접촉해 보도자료를 설명하는 일이 바로 기자에게 이 보도자료가 뉴스 가치가 있다고 설득하는 단계다.

자료 보완

기자가 관심을 보이면 추가 자료를 요청할 수 있다. 충분히 자료를 확보해 주자.

기사 작성

기자가 보도자료를 토대로 기사를 작성한다. 작성 중에 수시로 문의를 할 수 있으니 가능한 다양한 자료를 확보해 두면 좋다. 특히 여러 종류의 사진자료도 미리 준비해 두자.

2부
보도자료 기획

04
보도자료 메시지 기획

보도자료는 '작성'보다는 '기획'에 가깝다. 바로 메시지 기획이다. 그래서 전체적인 언론홍보 전략과 메시지 전략이 핵심이다. 홍보 목적과 목표, 목표공중을 선정하고 메시지를 개발하고 기술하는 커뮤니케이션 전략이다. 즉, 보도자료는 홍보 전략 중 메시지 전략의 연장선이다. 홍보담당자는 메시지를 개발하고 사실(fact)을 근거로 개발한 메시지를 뒷받침하고 그다음 글과 이미지로 보도자료를 기술하고 만들어야 한다. 이렇게 표현된 메시지는 미디어 전략과 연결된다.

이번 장에서는 실질적인 보도자료 기획 단계로 법무부 정책 중 하나인 '마을변호사 제도'를 사례로 들어 설명하려고 한다. 크게 3단계로 메시지 개발, 메시지 근거 자료, 메시지 표현으로 정리하겠다.

참고로 법무부, 대한변호사협회, 행정안전부에서 함께 시행하는 '마을변호사 제도'는 변호사가 수도권과 광역도시에 편중되어 있어 변호사 혜택을 제대로 받지 못하는 일반 국민들을 위한 제도다. 재능기부를 희망하는 변호사와 읍·면 단위 마을을 연계하여, 마을 주민들이 법률문제에 관하여 전화, 팩스, 이메일 등 간편한 방법으로 마을변호사와 무료 상담을 할 수 있게 하는 제도로 2013년 6월부터 시행하였다.

메시지 개발

메시지 개발이란 홍보 전략에서 목표공중에게 '무슨 말을 할까'에 대한 답이다. 즉, 홍보 주체인 홍보 당사자가 홍보 대상인 국민이나 고객에게 전달하고 싶은 메시지다. 이때 주의할 점은 막연한 메시지가 아닌 구체적인 메시지로 만드는 게 효과적이다. '건강을 위해 열심히 운동하세요'보다는 '건강을 위해 하루에 만 보씩 걸어 보세요'가 훨씬 구체적이다. 목표공중이 메시지를 보고 충분히 메시지를 수용하고 공감해야 하기 때문이다.

마을변호사 제도를 예로 들어 보자. 마을변호사 제도는 정부에서 변호사 혜택의 사각지대에 있는 국민들에게 무료로 쉬운 방법으로 변호사 상담을 받을 수 있도록 하는 정책이다.

여기서 변호사 혜택을 못 받는 사람들이 왜 못 받는지

원인을 보면, 첫째는 접근성의 문제다. 변호사는 서울, 수도권, 광역도시에 80% 이상 편중되어 있다. 둘째는 비용이다. 변호사 수임료는 적게는 수백만 원에서, 많게는 수천만 원이 넘는다. 셋째, 어렵다. 변호사와의 의사소통도 힘들고 법률용어도 전문지식이 없이는 이해하기 어렵다. 넷째, 상담방법도 쉽지 않다. 상담은 주로 변호사가 있는 사무실에서 이뤄지므로 생업에 종사하는 사람들이 찾기는 녹록하지 않다.

그래서 마을변호사 제도의 구체적인 메시지는 크게 '마을변호사 제도는 누구나 활용할 수 있다', '마을변호사 제도는 무료다', '마을변호사 제도는 쉽게 설명해 드린다', '마을변호사 제도는 쉽게 가능하다'로 볼 수 있고, 좀 더 메시지를 추가하면 '법무부, 대한변호사협회, 행정안전부가 함께 진행한다', '대한변호사협회 변호사의 재능기부다'로 신뢰와 공감을 주는 메시지를 추가할 수 있다.

실습 1. 아래 그림과 같이 마을변호사 제도 메시지를 정리할 수 있다. 그리고 옆 빈칸에 내가 보도자료 작성할 정책을 정하고 메시지를 개발해 보자.

그림 2-1. 메시지 개발 실습

'마을변호사 제도' 메시지	(　　　　　　) 메시지
1. 마을변호사 제도는 누구나 활용할 수 있다 2. 마을변호사 제도는 무료다 3. 마을변호사 제도는 쉽게 설명해 드린다 4. 마을변호사 제도는 쉽게 가능하다 5. 법무부, 대한변호사협회, 행정안전부가 함께 진행한다 6. 대한변호사협회 변호사의 재능기부다	

메시지 근거 자료

메시지 개발을 했다면, 다음은 메시지에 대한 근거를 제시해야 한다. 메시지를 개발하고 단지 선언만 한다면 의미가 없다. 이 메시지가 왜 그런지에 대한 근거 자료나 근거 내용이 사실(fact)을 바탕으로 뒷받침되어야 한다. 특히 언론에 배포할 보도자료는 더욱 근거가 필요하다.

마을변호사 제도의 메시지를 보자. 첫째 메시지 '마을변호사 제도는 누구나 활용할 수 있다'는 접근성에 관한 것으로 '2013년 출범 당시, 개업변호사의 82.7%가 수도권에,

85.6%가 서울 및 6개 광역시에 편중되었다. 마을변호사가 '250개 마을, 415명의 변호사'로 시작되었고, 2026년 1월 현재 '3,400여 개 마을, 1,239명의 변호사'로 확대됐다는 사실을 뒷받침해야 한다.

둘째, '마을변호사 제도는 무료다'는 무료상담의 근거로 '법무부와 행정안전부, 그리고 대한변호사협회와 공동 진행하는 제도로 대한변호사협회 변호사의 재능기부로 진행되며 현재 1,239명의 변호사가 활동 중'이라는 근거가 있다.

셋째, '마을변호사 제도는 쉽게 설명해 드린다'는 법률용어에 약한 일반 시민들을 위해 친절하고 쉽게 설명하는 스토리를 보여 주면 좋다. SBS 〈모닝 스브스〉에서 방영한 '우리 동네 해결사 마을 변호사, 아직 모르세요?'에서 마을변호사 조연빈 변호사 스토리를 보여 주기도 했다.

넷째, '마을변호사 제도는 쉽게 가능하다'는 메시지는 실제로 활용방법에 대한 내용이다. 변호사가 마을에 상주하지 않으면서 전화, 이메일, 팩스 등을 통해 일상생활에서 발생하는 마을 주민들의 법률문제를 상담해 주는 방법을 설명해 주면 된다.

실습 2. 아래 그림과 같이 마을변호사 제도 메시지 근거 자료를 정리할 수 있다. 그리고 옆 빈칸에 실습1에서 작성한 메시지의 근거를 정리해 보자.

그림 2-2. 메시지 근거 자료 실습

'마을변호사 제도' 메시지 근거 자료	(　　　　　　) 메시지 근거 자료
1. 마을변호사 제도는 누구나 활용할 수 있다. 근거: 마을변호사가 '250개 마을, 415명의 변호사'로 시작되었고, 2026년 1월 현재 '3,400여 개 마을, 1,239명의 변호사로 확대됐다' 라는 사실. 2. 마을변호사 제도는 무료다. 근거: '법무부와 행정안전부, 그리고 대한변호사협회와 공동 진행하는 제도로 대한변호사협회 변호사의 재능기부로 진행되며 현재 1,239명의 변호사가 활동 중이다' 라는 근거. 3. 마을변호사 제도는 쉽게 설명해 드린다. 근거: SBS <모닝 스브스>에서 방영한 '우리 동네 해결사 마을 변호사, 아직 모르세요?'에서 마을변호사 조연빈 변호사 스토리. 4. 마을변호사 제도는 쉽게 가능하다 근거: 변호사가 마을에 상주하지 않으면서 전화, 이메일, 팩스 등을 통해 일상생활에서 발생하는 마을 주민들의 법률문제를 상담한다.	

메시지 표현

무슨 말을 할지를 고민하는 메시지 개발과 메시지를 신뢰하도록 하는 근거 자료와 내용을 만들었다면 메시지 기획의 마지막은 메시지 표현이다. 메시지를 어떻게 기술할지에 대한 문제다. 쉽게 말하면, 메시지를 담은 콘텐츠다. 콘텐츠는 크게 글, 이미지, 영상으로 볼 수 있다.

글 콘텐츠는 대표적으로 보도자료, 광고 카피, 블로그 글, 소셜미디어 글 등이 있다. 글 콘텐츠와 이미지 콘텐츠가 보도자료 메시지 표현에 속하는데 여기서는 글 콘텐츠를 위한 메시지 기술 방법에 관해서 설명하고 마을변호사 제도를 사례로 살펴보겠다. 먼저 메시지 표현 중 글의 기술 여덟 가지 방법은 다음과 같다.

비유법 활용

메시지는 쉽게 전달할 수 있어야 한다. 다른 대상에 빗대어 표현하는 수사법인 비유법이야말로 쉽게 전달하는 좋은 방법이다. 구체적인 그림을 그리는 대유법, 유명한 것에 빗대어 말하는 직유법, 새로운 가치를 담는 은유법, 특징에 스토리를 담는 상징, 주인공을 등장시키는 의인법 등은 메시지 전달에 용이하다. 예를 들면, 서울주택도시공사의 '서울은 청신호입니다', 경기도의 '비장의 머니 경기지역화폐', 블루보틀의 '커피계의 애플, 블루보틀', 룰루레몬의 '요가복계의 샤넬, 룰루레몬', 룩옵티컬의 '안경은 얼굴이다', 아사히의 '엔젤링을 즐겨라, 아사히수퍼드라이맥주' 등이 있다.

숫자나 기호 활용

메시지 표현 방법으로 숫자나 기호를 많이 활용한다. 숫자나 기호 활용 장점으로 첫째는 강한 전달력이다. 숫자나 기호는 다른 문자와 함께 있을 때 눈에 띄기 쉽고, 기억하기 쉽기 때문이다. 둘째는 메시지에 스토리텔링이 가능하다. 숫자에 특별한 의미를 부여하고, 에피소드나 탄생 스토리를 담을 수 있기 때문이다. 셋째는 궁금증을 유도한다. 메시지나 브랜드 네임에 있는 숫자를 보면 '어, 이 숫자를 왜 썼지?' 하고 궁금증을 유발하기 때문이다. 예를 들면, 서울우유의 '나 100% 1등급(체세포수, 세균수)', LG전자의 '9분 동안-LG 프라엘', 우황청심원의 '48년 최씨고집', 시몬스침대의 '124년 침대역사', 한세실업의 '미국인 3명 중 1명은 한세실업의 옷을 입습니다' 등이 있다.

패러디 활용

'어디서 많이 본 듯한데, 그런데 좀 다른데'라는 생각이 들면 사람들은 관심을 쏟고 곧 빠져든다. '익숙한 인물'에 '낯선 메시지'를 결합하여, 그 익숙함과 낯섦의 조화로 사람의 눈길을 빼앗는다. 영화나 드라마에서 본 듯해 익숙하면서 또 다른 것에 대한 매혹으로 빠져들게 하는 힘. 이것이 강렬한 패러디의 유혹이다. 패러디 장점은 이미 선텍스트(先text)가 장착되어 있기에 바로 메시지를 탑재할 수 있어 전달력에서 가성비가 좋다는 점, 그리고 재미다. 예를 들어, "쉬워진 외국인 '천송이 코트' 구매 공인인증서 없이 온라인 카드 결제"≪중앙일보≫, 유한양행의 '변비가 죄는 아니잖아' 등이 있다.

사자성어 활용

사자성어(四字成語)는 어떤 상황을 쉽게 설명할 수 있는 장점이 있다. 굳이 길게 쓰지 않고 사자성어를 쓰므로 그 상황을 고스란히 보여 줄 수 있기 때문이다. 예를 들어, "버려지는 감귤껍질을 포장재 원료로… 환경 지키고 수요 창출 '일거양득'"≪서울경제≫, '무주공산(無主空山)은 없다'≪동아일보≫, 로또의 '인생역전(人生逆轉)' 등이 있다.

구체적 스토리텔링 활용

구체적인 사건을 표현하면 메시지가 훨씬 전달이 잘된다. 추상적인 표현보다 인물이나 사건을 구체적으로 표현하는 형태가 바로 스토리텔링형의 하나다. 예를 들어, '신입

사원이 던지고 회장님이 받고, KT 특별한 시구' ≪중앙일보≫, '훤한데 집에 가려니… 퇴근길 호텔서 한잔?' ≪중앙일보≫, '고기 먹으면 탈나는 열네 살 현지, 특별 외식하던 날' ≪중앙일보≫, "자율차 아이오닉, 광화문 질주… 체험 초등생 '아빠보다 운전 잘해'" ≪동아일보≫다.

언어의 유희

언어의 유희를 '라임(rhyme)' 또는 '아재개그'라고 볼 수 있다. 라임은 문학, 특히 시(詩)에서 일정한 자리에 같은 운을 규칙적으로 다는 일을 말하며, 아재개그도 비슷한 발음으로 재미있는 말이나 문구를 만드는 일로 일종의 수사(修辭)라고 볼 수 있다. 아재개그라 웃을지 몰라도 메시지를 전달하기에는 아주 좋은 방법이다. 예를 들어, '1477억 원… 베일 벗은 베일 몸값' ≪중앙일보≫, '움츠린 위스키, 그래도 웃는 맥켈란' ≪중앙일보≫, 듀오의 '결혼해 듀오', 스타필드의 '지금 뭐 하남? 스타필드 하남!', 노랑풍선의 '너랑 나랑 놀앙, 노랑풍선', 자갈치시장의 '오이소 보이소 사이소' 등이 있다.

의성어, 의태어 활용

기사 제목에 나오는 의성어나 의태어는 마치 살아 움직이는 느낌을 준다. 굳이 길게 쓰지 않아도 의성어나 의태어 하나만으로 메시지를 잘 전달하기 때문이다. 예를 들어, '2018 KS, 용병 열전 향기 폴폴' ≪스포츠경향≫, '11월의 에버랜드 촌티 좔좔' ≪머니투데이≫, '물건만 담으면, 쇼핑카트가 알아서 졸졸' ≪중앙일보≫ 등이 있다.

명령문, 의문문, 말줄임 활용

명령문, 의문문은 집중 효과가 있다. 바로 '당신'을 상대로 지목해서 말하는 것처럼 들리므로 집중하게 된다. 또 말줄임은 여운을 남기며 생각을 하게 하는 효과가 있다. 이런 명령문, 의문문, 말줄임은 일반적인 평서문에 비해 사람들의 집중도가 높아 기사 헤드라인이나 광고카피에 많이 활용된다. 예를 들어, '아메리카노, 너마저…' ≪동아일보≫, 케토톱의 '케토톱으로 캐내십시오', 정관장의 '지금 대한민국의 건강나이는 몇 살입니까?' 등이 있다.

메시지 기술 여덟 가지 방법을 토대로 '마을변호사 제도' 메시지 표현에 대해 알아보자. 마을변호사 보도자료를 살펴보면 다음과 같은 표현이 있다.

> 메시지 표현 1.
> "'법은 어렵고, 변호사비는 많이 들고…' 걱정 마세요! 전화 한 통이면 마을변호사가 무료로 상담해 드립니다."

이 메시지 표현은 말줄임과 명령문을 사용했고, 또 '전화 한 통'이란 표현으로 대유법과 구체적인 스토리텔링을 활용해 메시지를 쉽게 전달했다.

메시지 표현 2.
"자신의 재능을 기부하는 마을변호사는 '천사(1004)' 입니다."

이 메시지 표현은 '천사'라는 은유법과 '1004' 숫자를 활용해 마을변호사를 천사에 비유했고 숫자를 활용해 강조했다.

메시지 표현 3.
"'1마을 1변호사'「마을변호사 제도」순항 중"

이 메시지 표현은 마을변호사 제도가 잘 되고 있다는 내용을 '순항'으로 비유하며 구체적인 스토리텔링을 활용해 쉽게 보여 줬다.

메시지 표현 4.
"현대판 오성과 한음, 마을 주민 A 씨는 이웃 주민 B 씨로부터 '담벼락을 넘어와 있는 감나무 가지를 제거하겠다'는 말을 듣고 어떻게 해결할지 상담을 신청"

이 메시지 표현은 패러디가 눈에 띈다. '오성과 한음'은 우리나라 역사 인물이자 두 인물의 많은 우화가 있다. 그 중 한 우화를 가져와 패러디하며 메시지를 쉽고 재미있게 전달했다.

05
목표공중과 미디어 선정

홍보 전략은 목표공중을 중심으로 2M을 반드시 고려해야 한다. 여기서 2M은 메시지(message)와 미디어(media)다. 보도자료 전략 역시 목표공중(target public) 중심으로 2M을 생각해야 한다. 즉, 목표공중인 타깃과 메시지, 미디어 전략을 수립해야 한다.

목표공중을 마케팅에서 보면 타깃이 된다. 홍보에서는 이를 목표공중이라 한다. 보도자료 전략에서 목표공중은 언론기사를 보는 독자와 기사를 쓰는 언론미디어 둘 다를 포함한다. 이번 장에서는 목표공중 선정과 미디어 선정에 대해 알아보자. 여기서도 법무부 정책 '마을변호사 제도'를 사례로 들어 설명하겠다.

목표공중 선정

어떤 언론을 대상으로 보도자료를 쓸까 생각하기 전에 먼저 누가 읽어야 하나를 고민하자. 즉, 미디어를 선정하기 전에 독자를 생각해야 한다. 즉, '누구를 위한 정책인가?'에 답해야 한다. 바로 정책 이용자나 정책 수혜자, 정책 참여자가 주요 목표공중이 되어야 한다. 법무부 '마을변호사 제도'를 예로 목표공중을 설정해 보면 다음과 같다.

정책 이용자 또는 정책 수혜자

마을변호사 제도의 정책 이용자는 법률복지 사각지대에 있는 무변촌 마을 주민으로 전국 3,400여 곳의 읍 · 면 · 동 마을주민이다. 아무리 좋은 제도라도 해당 지역 주민들이 마을변호사의 존재를 모른다면 이용할 수 없고 혜택을 받을 수 없기 때문이다.

그래서 가장 중요한 목표공중은 변호사가 없는 무변촌 마을 주민이 된다. 보도자료 목표공중 역시 정책 수혜자로 정해야 한다.

정책 참여자

목표공중의 다른 축은 정책을 이끌어나가는 공중이다. 마을변호사 제도에서는 참여하는 변호사가 그 첫 번째다. 전국 3,400여 곳 읍 · 면 · 동 마을변호사에 신청하는 변호사가 있어야 변호사 서비스를 제공할 수 있기 때문이다.

그밖에 정책 참여자로는 정부기관 공무원이다. 이 제도를 시행하는 법무부, 행정안전부, 각 지자체 공무원들이 제대로 알고 이해해야 한다. 물론 업무적으로 알고 있지만, 공감대 형성과 충분한 이해가 있어야 정책 시행이 더욱 원활하다.

국민, 시민 등 일반 공중

정책 홍보는 국민, 도민, 시민 등 일반 공중의 이해와 공감이 중요하나. 정책을 시행하는 정부기관에 대한 호감과 신뢰를 높이고 정책에 관심을 갖게 할 필요가 있다. 장기적인 정부기관에 대한 믿음이 있어야 시행하는 정책 호응이 높아진다. 즉, 좋은 여론이 형성된다.

언론 미디어

언론은 여론을 만들 수도 있고 반대로 여론에 민감하다. 언론이 정부부처나 공공기관이 배포한 보도자료에 담은 정책을 충분히 이해하고 수용할 때 더 좋은 기사가 나오고 좋은 여론으로 이어질 수 있기 때문이다.

실습 3. 아래 그림과 같이 마을변호사 제도 목표공중을 선정할 수 있다. 그리고 옆 빈칸에 내가 쓴 보도자료 목표공중은 누구인가를 정해 보자.

그림 2-3. 목표공중 선정 실습

'마을변호사 제도' 목표공중	(　　　　) 목표공중
1. 정책이용자: 법률복지 사각지대에 있는 무변촌 마을 주민으로 전국 3,400여 곳의 읍 · 면 · 동 마을 주민 2. 정책 참여자: 제도에 참여한 변호사, 아직 참여하지 않은 잠재 변호사, 법무부, 행정안전부, 각 지자체 공무원 3. 일반 공중: 국민, 시민 등 4. 언론미디어: 관련 기관 언론미디어	

목표 미디어 선정

목표공중을 선정했다면 목표 미디어를 선정하자. 미디어는 크게 신문, TV, 라디오, 잡지 등 매스미디어와 포털사이트, 홈페이지, 페이스북, 인스타그램, 유튜브 등 온라인 미디어와 소셜미디어 등이 있지만 여기서는 보도자료 배포를 위한 신문에 한정하겠다.

앞에서 목표공중을 정책 이용자, 정책 참여자, 일반 공중, 언론 미디어로 두었다. 당연히 목표 미디어는 목표공중에 맞게 잡아야 하므로 그대로 목표 미디어를 선정해 보겠다.

정책 이용자를 위한 미디어

마을변호사 제도의 정책 이용자는 변호사가 없는 무변촌 마을 주민으로 전국 3,400여 곳의 읍·면·동 마을 주민이다. 이 목표공중이 접하는 신문은 무엇일까 생각하면 된다.

참고로 신문은 크게 통신사, 종합일간지, 경제지, 인터넷 신문, 지역지, 전문지 등으로 나눌 수 있다. 여기서 무변촌 마을 주민이 접하는 신문을 찾으면 된다. 아마 종합일간지, 지역지, 전문지를 1차 목표 미디어로 볼 수 있다. 지역지는 해당 마을이 속한 지역지로 경인지역신문, 충청지역신문, 영남지역신문, 호남지역신문, 강원지역신문, 제주지역신문 등으로 나눌 수 있다. 또 전문지로는 농업 관련, 수산업 관련, 건강 관련, 식품 관련, AI 관련 등 다양한 전문 분야 신문이 있다.

여기에 반드시 들어가야 할 신문은 통신사다. 엄격히

말하면 연합뉴스, 뉴시스, 뉴스1 등 통신사는 일반 신문은 아니다. 통신사는 다른 신문사에 뉴스를 제공하는 일종의 뉴스도매상이다. 그렇지만 통신사에 오른 뉴스는 다른 신문사에서 받아쓰게 되고, 또 실제로 통신사 뉴스 역시 인터넷 포털 사이트에 검색이 되기 때문에 반드시 통신사도 목표 미디어에 포함해야 한다.

정책 참여자를 위한 미디어

마을변호사 제도에서 정책 참여자는 크게 제도에 참여하는 변호사 등 법률가와 정책을 시행하는 공무원으로 나눌 수 있다. 이 목표공중을 위해서 관련 전문지가 목표 미디어가 되어야 한다.

변호사 등 법조인이 접하는 법률 관련 전문지로는 ≪법률신문≫이 있고, 법무부, 행정안전부, 지자체 등 정책을 시행하는 공무원들이 접하는 기관지가 있다.

국민, 시민 등 일반 공중을 위한 미디어

정책 홍보는 일반 공중의 이해와 공감을 무시할 수 없다. 바로 정책을 시행하는 정부기관의 신뢰에 영향을 주기 때문이다. 그래서 대국민 홍보를 위한 목표 미디어는 전국에 배포되는 종합일간지가 제격이다. 전반적인 홍보와 여론 형성을 위해 종합일간지는 필수다.

언론 미디어

여론 형성을 위한 첫 번째 디딤돌은 언론이다. 언론 미디어만을 위한 목표 미디어 선정은 따로 두지 않고 앞에서 제시한 목표 미디어로 정하면 된다.

실습 4. 아래 그림과 같이 마을변호사 제도 목표 미디어를 선정할 수 있다. 그리고 옆 빈칸에 내가 쓴 보도자료 목표 미디어는 무엇인가를 정해 보자.

그림 2-4. 목표 미디어 선정 실습

'마을변호사 제도' 목표 미디어	(　　　　　) 목표 미디어
1. 정책 이용자를 위한 미디어: 종합일간지, 지역지, 전문지 2. 정책 참여자를 위한 미디어 3. 국민, 시민 등 일반 공중을 위한 미디어: 종합일간지 4. 언론 미디어: 출입기자단	

3부
보도자료 작성

06
주제목과 부제목 짓기

보도자료 중 가장 많이 쓰는 유형은 스트레이트기사 보도자료다. 기본 구성은 크게 제목, 본문, 첨부로 이루어진다. 3장 그림 1-2 '보도자료 기본 구조'로 보면 주제목, 부제목, 본문, 리드문, 인용문, 첨부 등 6부분으로 나뉜다. 이 중 제목에 해당하는 부분은 주제목(headline)과 부제목(sub-headline)이다.

보도자료를 쓸 때, 독자가 보도자료의 머리 부분에 해당하는 주제목과 부제목만 봐도 대략적인 메시지를 눈치챌 수 있어야 한다. 여기서는 독자가 단박에 눈치챌 수 있는 보도자료 주제목과 부제목에 대해서 알아보겠다.

주제목 작성

'헤드라인(headline)'이라고 부르는 '주제목(主題目)'은 보도자료 맨 위에 있다. 보도자료의 얼굴과 같은 주제목을 보고 기자는 보도자료를 채택할 수도 있고, 또 독자는 기사를 선택할 수도 있다. 그래서 보도자료를 이메일로 보낼 때 이메일 제목에 주제목을 쓰는 게 효과적이다. 기자나 독자의 눈길을 빼앗는 매력적인 주제목을 어떻게 만들 수 있는지, 또 꼭 필요한 요소는 무엇인지 알아보자.

먼저 가제목(假題目) 쓰고 마지막에 수정하라

제목을 한 번에 바로 써서 정하기는 정말 어렵다. 일단 보도자료의 핵심 주제와 방향이 잡혔다면 가제목을 쓰자. 그리고 보도자료를 써가며 수시로 수정해 나가야 한다. 부제목을 쓰면서 주제목과 부제목의 충돌과 연관관계를 점검하고, 본문을 써가며 본문 내용과 제목의 일관성을 점검하며 몇 차례 수정해야 한다. 그런 과정을 거치고, 본문을 다 쓴 후에 최종적으로 제목을 완성해야 한다.

사례. "쇼핑에서 체험으로…일본 MZ세대 한국에서 '뷰티' 찾는다"(2025. 7. 1.)
한국관광공사는 뷰티 · 의료관광 예약 플랫폼 '강남언니' 운영사와 손잡고 일본인 관광객을 대상으로 한국 뷰티 여행 캠페인을 추진한다는 보도자료를 배포했다.

이 보도자료의 제목이 나오기 전의 가제목을 구상해 보면, 키워드는 '한국 관광', '외국인 환자', '일본인', '뷰티', '한국 의료' 등이라고 할 수 있다. 이들 키워드를 조합해 가제목을 만들면, 다음과 같은 제목들을 생각해 볼 수 있다.

"일본인의 한국 뷰티 여행 적극 유치한다", "일본인, 뷰티 의료 받으러 한국 찾는다" 등이 있을 것으로 보인다. 이들 가제목을 조합하거나 수정하는 과정에서 최종 제목을 도출할 수 있을 것으로 보인다.

한국관광공사는 일본 여행객 유치라는 사실보다는 일본인들의 트렌드를 제목에 담아서 궁금증을 유발하는 효과를 얻고 있다.

메시지와 키워드를 담아라

주제목 작성에서 가장 중요한 내용은 메시지다. 즉, 가장 중요한 메시지가 담겨야 한다. 이를 위해 메시지 개발할 때 목표공중에 맞게 메시지 우선순위를 두는 것이 좋다.

4장 메시지 개발에서 마을변호사 제도 메시지는 목표공중을 변호사가 없는 무변촌 마을 주민들에 두었을 때, 크게 '마을변호사 제도는 누구나 활용할 수 있다', '마을변호사 제도는 무료다', '마을변호사 제도는 쉽게 설명해 드린다', '마을변호사 제도는 쉽게 가능하다'로 개발했다, 즉 '누구나 활용', '무료', '쉬운 설명', '쉽게 접촉 가능'이다. 여기서 우선순위를 전략적으로 선택해야 한다. 아마 가장 중요한 사항은 '무료', 다음은 '누구나 활용', '쉽게 접촉 가능', '쉬운 설명'으로 볼 수 있다. 전략적 선택이므로 홍보담당자마다 생각이 다를 수 있다.

그렇다면, 정해졌다. 바로 '무료' 메시지가 제목으로 가면 좋다. '무료' 메시지를 담은 주제목을 생각하되, 한 가지 유념할 사항은 키워드다. 이왕이면 온라인 검색까지 고려한 키워드다. 키워드는 정책명이나 정책 주체자가 되는 게 좋다. '마을변호사'나 '마을변호사 제도', '법무부'가 될 수 있다. 이를 고려한 주제목의 예를 들면, '까다로운 법률문제, 마을변호사 제도로 무료 상담 받으세요~', '법무부, 무변촌 무료 마을변호사 제도 출범' 등이다.

동적으로 표현하라

주제목은 정적(靜的)인 느낌보다는 동적(動的)인 느낌을 주는 게 좋다. 즉 보도자료의 주체인 '주어'와 움직이는 동사인 '서술어'가 있어야 한다. 마을변호사 제도를 예로 들면, '한 걸음 한 걸음 마을변호사가 국민들 곁으로 다가가고 있습니다', '어려운 법률문제, 든든한 천사「마을변호사」에게 맡겨 보세요', '1마을 1변호사「마을변호사 제도」순항 중' 등이다.

사례. "구미 · 창원 · 완주 산단, 문화로 다시 뛴다!"(문화체육관광부, 2025. 5. 29.)

문화체육관광부는 3개 지자체가 참석한 가운데 문화 선도 산업단지 조성사업 출범식을 가졌다. 단순히 출범식 행사를 "개최했다"라고 표현하기 쉽지만, 문화 부흥을 위해 함께 노력하다는 점을 강조하는 차원에서 "뛴다"라는 동적 형용사를 효과적으로 사용했다.

독자의 호기심을 일으켜라

기사가 읽히느냐 아니냐의 핵심 요소는 제목이다. 그중 주제목의 힘이 크다. 특히 지면 신문이나 온라인 신문 모두 기사는 차고도 넘칠 정도로 무수히 많다. 여기서 뭔가 차별화된 제목이 있다면 이 기사는 독자로부터 선택받을 수 있는 유리한 고지를 점령한 셈이다. 그래서 신문기사들의 제목이 그렇게 매력적이고 심지어 유혹적이기도 하다.

흔히 말하는 낚시질(hooking)과 유사하다. 하지만 독자의 호기심을 일으키라는 의미는 좋은 의미의 낚시질이다. 기사와 상관없이 오직 읽히기 위해 제목만 그럴듯하게 짓는 것이 나쁜 낚시질이다. 반면 좋은 의미의 낚시질은 독자의 눈길을 빼앗고 관심을 가질 수 있는 매력적인 제목을 갖추고 당연히 본문 내용도 충실해야 한다.

사례 1. "곤충, 작지만 강한 존재의 이유 알려 드려요"(환경부, 2025. 7. 3.)

환경부 산하 국립생물지원관에서 곤충 기획전을 선보였다. 곤충에 대한 호기심을 자극해 눈길을 끌고 있다.

사례 2. "지방 여성공무원 통계는 지난 20년 동안 어떻게 달라졌을까"(행정안전부, 2025. 6. 30.)

공무원 임용 통계자료를 보도자료로 작성하면서 궁금증을 유발하는 제목을 달았다.

짧고 쉽고 재미있게 써라

주제목은 짧게 써야 한다. 보통 10~20자 정도가 적당하다. 또 쉽게 써야 한다. 주제목만 봐도 어떤 기사인지 의미를 알 수 있어야 한다. 그리고 가능한 한 재미있으면 좋다. 유행어를 사용해도 좋고, 영화나 드라마의 대사를 패러디해도 좋다. 독자가 쉽게 이해하고 흥미를 느낄 수 있는 표현이면 좋다. 5장의 다양한 메시지 표현 방법을 활용해도 좋다.

사례. "한국과 이탈리아 우정의 빛, 콜로세움 수놓다"(문화체육관광부, 2025. 6. 27.)
한국과 이탈리아의 상호 문화 교류의 해를 기념해 이탈리아 로마 콜로세움에서 영상물 상영회를 개최했다는 내용이다. 상영하는 행위를 "수놓는" 것에 비유해 느낌을 잘 전달하고 있다.

일상생활 구어체로 써라

주제목은 가능한 한 일상생활에서 사용하는 구어체로 쓰는 게 효과적이다. 딱딱한 문어체보다 쉽고 평소에 접하는 구어체가 독자의 눈에도 금방 들어오고 친근하기 때문에 제목을 단번에 이해하기 쉽다. 서류에서 쓰는 짧게 끊어 단어를 나열하는 개조식(個條式) 방식의 딱딱한 제목은 사용하지 말자.

본문 단어를 활용하라

보도자료 본문에서 한 번이라도 사용된 말을 활용해서 주제목을 만들어야 한다. 예를 들어, '1마을 1변호사「마을변호사 제도」순항 중'이란 주제목에서 나온 '1마을 1변호사'란 단어는 보도자료 본문에 있는 단어여야 한다. 본문에 언급되지 않은 단어를 사용해 주제목을 붙이면 독자가 혼란스러울 수 있다. 심하면 내용도 없는 나쁜 낚시질로 오해받기 십상이다.

반드시 주제목의 단어와 본문 단어가 연결되어야 맥락이 있는 보도자료가 되고 일관성이 있는 기사가 된다. 그래서 주제목을 뽑을 때는 본문을 꼼꼼히 읽고 제목을 뽑아내야 한다. 만약 매력적인 제목을 위해 새로운 단어를 사용할 경우에는 반드시 그 단어를 본문에 녹아들어 가게 해야 한다.

직관적이고 구체적으로 써라

직관적이고 구체적으로 쓰라는 말은 스토리텔링하라는 의미다. 숫자나 기호를 사용해 눈에 띄게 할 수도 있고, 사자성어로 표현을 두드러지게 하기도 하고, 드라마 제목을 사용해 재미를 주기도 하며 구체적인 스토리텔링으로 메시지를 명확하게 전달하기도 하는 것이다. 한마디로 하면 '광고카피처럼'이다. 5장 메시지 표현에서 자세히 설명했다.

사례. "삶은 피어나는 한 송이 꽃, '화엄: 꽃이 피다' 전시회 개최"(보건복지부, 2025. 7. 2.)
국립정신건강센터에서 전시회를 연다는 내용이다. 삶을 시적으로 묘사하는 제목을 달아 스토리텔링하면서 감성적으로 접근한 것이 신선하게 다가온다.

신문기사의 제목을 탐구하라

신문기사는 보도자료의 훌륭한 본보기다. 보도자료는 신문기사화를 목적으로 쓰는 것이니 당연하다. 그러니 신문을 뒤적여보자. 너무나 매력적인 제목들이 즐비하다. 최근 신문을 보니, '뎅기열 모기 국내 첫 발견, 태국서 비행기 타고 온 듯' ≪중앙일보≫, '자전거 도로, 차도 옆 더부살이 끝낸다' ≪중앙일보≫, '돈맛에 의미 퇴색… 공유 않는 공유경제' ≪머니투데이≫, "'동캉스' 어때요? 동굴 밖 삐질삐질, 동굴 안 으슬으슬" ≪머니투데이≫ 등이 있다. 멋진 제목은 적어두었다가 벤치마킹하자.

하지만 현장에서 신문 제목과 같은 창의적인 보도자료 제목을 쓰기는 쉽지 않다. 기존에 써왔던 좀 딱딱하고 형식에 맞는 표현이 익숙하기 때문에 그대로 고수하고 있는 편이다. 그렇지만 신문 제목을 탐구하면서 아이디어를 찾고 조금씩 개선해 나가면 좋다.

종결어미 형식과 명사문 형식

주제목을 표현하는 방식은 '~했다', '~열린다', '~시행한다' 등 문장형으로 끝나는 종결어미 형식과 '~시행', '~개최', '~출시' 등 핵심 명사만으로 구성하는 명사문 형식이 있다.

종결어미 형식은 기본적으로 '주어+목적어/보어+동사'

구조를 가지며, 문장처럼 자연스럽게 읽히는 장점이 있다. 정책 시행, 제도 발표, 협약 체결, 실적 공개 등 결과 중심의 메시지를 전할 때 적합하다. 특히 사실을 강조하거나 공적 발표의 신뢰도를 높이고자 할 때 자주 사용된다.

예를 들어 "8월부터 장애등급제 폐지 시행한다", "지역사랑상품권 발행액 5조 원 돌파했다"처럼 시의성과 정책 성과를 직접 전달하는 데 강점을 가진다. 이러한 제목은 독자와 기자가 메시지를 한눈에 파악할 수 있어 기사화 가능성이 높다. 정책홍보 보도자료에서는 추진 결과나 제도 변화, 공식 발표를 전달하는 스트레이트기사에 자주 활용된다.

명사문 형식의 구성 방식은 '주제 명사+사건/행위 명사' 형태로 이루어지며, 예컨대 '청년내일저축계좌 시행', 'AI 역량 강화 캠페인 개최', '대기질 개선 로드맵 발표' 등으로 표현된다. 제목이 짧고 강렬해 한눈에 정책의 핵심을 파악할 수 있다는 장점이 있다.

명사문 제목은 사실 전달보다는 정책의 고유 명칭을 소개하고 내용을 안내하는 데 적합하며, 홍보성이나 해설성이 강조되는 보도자료에서 자주 쓰인다. 특히 행사 안내, 사업 소개, 서비스 개편 등 공공성과 실용성이 강조된 주제에서 널리 활용된다.

또, 아래와 같이 명사문 형식 주제목에 종결어미 형식

부제를 조합해 효과적으로 메시지 전달할 수도 있다.

주제목: 폭염 대비 건강 관리 대책 시행
부제: "취약계층 보호 중심으로 대응 체계 강화한다"

기사 제목에 잘 쓰는 표현

신문기사 제목을 훑어보면 잘 쓰는 표현들이 있다. 아무래도 시대와 상황에 맞는 표현을 많이 사용한다. 자주 사용되는 좋은 표현은 메모해 두었다 보도자료 쓸 때 활용하면 도움이 된다.

습관적으로 자주 쓰는 표현

한판승, 청신호, 쥐락펴락, 조몰락조몰락, 안방마님, 뒤집기, 모르쇠, 제격, 딴전, 딴지, 맞불, 돌파구, 금싸라기, 선봬, 법대로, 한 수 위, 가세, 맞춤, 버티기

의성어와 의태어

두근두근, 으슬으슬, 삐질삐질, 폴폴, 좔좔, 졸졸, 들썩들썩, 쑥쑥, 쾅, 휘청, 울컥, 차곡차곡

유행어와 패러디

대박, 절친, 못 말려, 땡처리, 뻥튀기, 나야 나, 적과의 동침,

~캐슬, 그것이 알고 싶다, ~ 너마저

한자어

무주공산, 변화무쌍, 고육지책, 역지사지, 낭중지추, 토사구팽, 복지부동, 십인십색, 사면초가, 삼삼오오, 초지일관, 난공불락

실습 5. 아래 그림과 같이 마을변호사 제도 주제목을 작성할 수 있다. 그리고 옆 빈칸에 내가 쓴 보도자료의 주제목을 작성해 보자.

그림 3-1. 주제목 작성 실습

'마을변호사 제도' 주제목	(　　　　　　) 주제목
까다로운 법률문제, 마을변호사 제도로 무료 상담 받으세요~	

부제목 작성

부제목(sub-headline, 副題目)은 주제목 아래에 쓰는 1~3줄 정도의 제목을 말한다. 부제목 역시 주제목과 마찬가지

로 간단명료하게 쓰고 독자의 눈에 띄도록 해야 한다. 부제목 작성은 다음과 같다.

주요 메시지를 담아라

메시지 담는 방법은 걱정하지 않아도 된다. 4장 메시지 개발에서 마을변호사 제도를 예로 들어서 메시지 우선순위를 매겼다. 마을변호사 제도 메시지의 우선순위는 '무료', '누구나 활용', '쉽게 접촉 가능', '쉬운 설명'으로 했다. 여기서 첫 번째인 '무료'를 주제목에 썼다면 그다음 우선순위 메시지를 그대로 부제목으로 사용하면 된다. 첫 번째 부제목은 '누구나 활용', 두 번째 부제목은 '쉽게 접촉 가능', 세 번째는 '쉬운 설명' 메시지를 주제목처럼 만들거나 조금 길게 써도 된다.

예를 들면, '3,400여 곳의 읍 · 면 · 동 마을 주민 누구나 활용할 수 있어', '전화 한 통이면 무료로 상담 가능해', '어려운 법률용어도 걱정할 필요 없어' 등이다.

주제목과 중복되지 않게 하라

주제목과 중복 역시 걱정할 필요가 없다. 메시지 중요한 순서대로 우선순위를 매겼으니, 가장 중요한 메시지를 주제목에 썼다면 두 번째, 세 번째, 네 번째를 부제목으로 사용하면 되기 때문이다.

주제목에서 못한 메시지를 보조하라

메시지 우선순위를 매겨두면 이 부분도 문제없다. 우선순위 순서대로 그대로 주제목과 부제목을 작성하면 된다.

마을변호사 제도의 사례를 들어 주제목과 부제목을 만들어 보면 다음과 같다.

- 주제목 까다로운 법률문제, 마을변호사 제도로 무료 상담 받으세요~
- 부제목1 3,400여 곳의 읍 · 면 · 동 마을 주민 누구나 활용할 수 있어
- 부제목2 전화 한 통이면 무료로 상담 가능해
- 부제목3 어려운 법률용어도 걱정할 필요 없어

실습 6. 아래 그림과 같이 마을변호사 제도 주제목을 작성할 수 있다. 그리고 옆 빈칸에 내가 쓴 보도자료의 주제목을 작성해 보자.

그림 3-2. 부제목 작성 실습

'마을변호사 제도' 부제목	(　　　　　　) 부제목
1. 주제목 까다로운 법률문제, 마을변호사 제도로 무료 상담 받으세요~ 2. 부제목 -3,400여 곳의 읍·면·동 마을 주민 누구나 활용할 수 있어 -전화 한 통이면 무료로 상담 가능해 -어려운 법률용어도 걱정할 필요 없어	

마을변호사 제도의 주제목과 부제목을 보도자료 양식에 작성하면 아래와 같은 형태다.

> 까다로운 법률문제,
> 마을변호사 제도로 무료 상담 받으세요~
>
> - 3,400여 곳의 읍·면·동 마을 주민 누구나 활용할 수 있어
> - 전화 한 통이면 무료로 상담 가능해
> - 어려운 법률용어도 걱정할 필요 없어

07
메시지 나열과 리드문 쓰기

보도자료는 '작성'이 아니라 '기획'이라고 했다. 특히 메시지를 잘 전달하기 위한 메시지 기획이라고 여러 차례 강조했다. 메시지 기획을 위한 첫 단계로 메시지 개발을 했고, 두 번째로 메시지 우선순위를 정했고, 세 번째로 주제목과 부제목을 메시지 중심으로 뽑았다. 이번 네 번째 단계는 본문을 작성하기 위해 메시지를 나열하는 단계를 알아보겠다.

키워드 중심의 점-선-면 전략

아무리 유명한 작가라도 일필휘지(一筆揮之)로 글을 쓰는 사람은 극히 드물다. 펜을 한 번 휘둘러 단번에 써 내려가는 글은 없으며 특히 보도자료는 더욱더 없다.

징검다리 건너기

필자는 글쓰기 방법을 '징검다리 건너기'와 비슷하다고 본다. 한 지점에서 강 건너 다른 지점으로 건너려 할 때, 한 번에 건너기는 어렵다. 그렇다면 어떻게 할 것인가?

먼저 커다란 주춧돌을 몇 개 던져 놓아 징검다리를 만들어야 한다. 그리고 그 징검다리를 건너면서 징검다리와 징검다리 사이의 간격과 물흐름을 고려하여 작은 돌을 던져두고 밟아가야 한다. 이렇게 징검다리를 놓아가면서 목표 지점을 향하여 주춧돌을 놓고 그사이 작은 돌을 놓아가며 건너면 비교적 쉽다.

글도 이 방법으로 쓰면 비교적 쉽다. 글의 전체적인 맥락을 잡아 큰 단락을 구성하고 단락 사이를 몇 개의 글감으로 연결하여 나가면 훨씬 수월하게 목표 지점에 닿을 수 있다.

단락은 키워드 정도만 적어 두자. 마을변호사 제도의 메시지 키워드인 '무료', '누구나 활용', '쉽게 접촉 가능', '쉬운 설명'이 징검다리다. 징검다리가 되는 주춧돌을 찾았다면 다음은 글감이 되는 작은 돌들을 마련하면 된다. 주춧돌과 글감이 되는 돌들을 다 준비했다면 이제 보도자료를 쓰면 된다.

실습 7. 아래 그림과 같이 마을변호사 제도 주제목과 부제목 아래 본문에 키워드를 살펴보자. 그리고 아래 빈 양식에 내가 쓴 보도자료의 주제목, 부제목, 키워드를 작성해 보자.

그림 3-3. 키워드 작성 실습

'마을변호사 제도' 주제목, 부제목, 키워드
까다로운 법률문제, 마을변호사 제도로 무료 상담 받으세요~ • 3,400여 곳의 읍·면·동 마을 주민 누구나 활용할 수 있어 • 전화 한 통이면 무료로 상담 가능해 • 어려운 법률용어도 걱정할 필요 없어
'무료' '누구나 활용' '쉽게 접촉 가능' '쉬운 설명'

(   ) 주제목, 부제목, 키워드

'점-선-면'으로 보도자료 쓰기

바로 이렇게 시작하는 것이 '점(點)-선(線)-면(面)' 글쓰기 방법이다. 점은 '키워드'다. 마을변호사 제도의 메시지 키워드인 '무료', '누구나 활용', '쉽게 접촉 가능', '쉬운 설명'이 점이 된다.

'선'은 문장이다. 키워드를 중심으로 내용에 살을 붙이는 과정이다. '무료', '누구나 활용', '쉽게 접촉 가능', '쉬운 설명'을 문장으로 만드는 작업이다. 앞에서 주제목과 부제목에서 어느 정도 문장을 만들었다.

그리고 '면'은 문단이다. 문장이 2~3개 정도 구성된 문단이 된다. 문단마다 하나의 메시지를 좀 더 설명하면 된다.

이렇게 작성하면, 첫 번째 문단은 마을변호사 제도는 무료라는 내용이 있고, 두 번째 문단은 변호사 제도는 누구나 활용한다는 내용이고, 세 번째 네 번째 문단은 쉽게 활용할 수 있다는 내용과 어려운 법률을 쉽게 설명해 준다는 내용을 담은 문단으로 구성하면 된다.

리드문 쓰기

리드문(lead)은 본문에 가장 먼저 나오는 문단이다. 본문은 리드문 중심의 두괄식 구성이므로 본문에서 가장 중요한 문단이다. 그래서 기자들은 리드문 하나만 나오면 기사는 다 쓴 것이라고 할 정도다.

일반적으로 리드문은 육하원칙인 5W1H(who, what, why, when, where, how)에 맞게 써야 하지만, 때에 따라서는 일부분은 빠질 수도 있다. 또 리드문은 전체 기사의 핵심 내용을 간결하게 제시하고, 나머지 기사를 읽지 않아도 알 수 있을 만큼 응축되어야 하며, 기사의 방향과 앵글, 메시지 등이 모두 녹아 있어야 한다. 리드문 작성방법은 크게 네 가지 유형으로 분류할 수 있다.

요약형 리드문

요약형 리드문은 가장 많이 쓰는 유형으로 5W1H로 전반적인 보도자료 내용의 개요를 한두 문장으로 쓴다. 보통 첫 문장은 누가, 무엇을, 언제, 어디서 등 사실 전달의 핵심 요소를 담고, 두 번째 문장은 배경, 의미, 기대효과 등을 서술한다.

한 문장일 때는 "○○○부처는 ○○○을 ○○○에 ○○○한다고 밝혔다"의 형식이며, 두 문장일 때는 "○○부는 5월 10일 '폭염 대비 건강 관리 대책'을 발표하고 전국 지자체에 무더위쉼터 운영을 확대하도록 지시했다. 이번 대책은 취약계층 보호를 강화하고 온열질환 사망자를 줄이기 위한 조치다" 형식이다.

보도자료 전체를 요약하는 핵심 내용이 압축되어 독자들이 리드문 아래 본문을 굳이 읽지 않아도 이해하게끔 써야 한다. 독자들에게 정보를 일목요연하게 전달하기 위한 문단이며, 또 독자가 리드문을 읽고 관심을 두고 아래 본문으로 자연스럽게 읽어가도록 유도하기 위한 역할도 한다. 통상적인 보도자료의 첫 문단이 취하는 형식으로 이해하면 된다.

사례. "행정안전부는 전국 지방자치단체의 여성공무원 현황을 한눈에 볼 수 있는 '지방자치단체 여성공무원 인사통계'를 발표했다."(행정안전부, 지방자치단체 여성공무원 인사통계 발표, 2025. 6. 30.)

스토리텔링형 리드문

스토리텔링형 리드문은 독자들에게 전체를 쉽게 이해하고 관심을 일으키는 역할을 한다. 정책 보도자료에서 스토리텔링의 가장 일반적인 방법은 정책 수혜자의 사례다. 정책 수혜자가 해당 정책으로 자신의 문제를 해결한 스토리다.

예를 들면, 임금체불 문제로 고민 중인 사회초년생이 회사에 체불된 임금 지급을 요청하자 오히려 회사에서 피해를 봤다고 고소하자 이 상황을 마을변호사와 상담하게 해결했다는 스토리는 마을변호사 제도 수혜자 스토리로 리드문에 사용할 수 있다.

그 외에도 상품이나 서비스, 정책 등 탄생 스토리를 보여 주는 방법, 고객의 체험 스토리, 어려운 서비스나 정책을 설명하기 위해 가상의 스토리를 제시하는 방법이 있다.

사례 1. "공군 제20전투비행단(이하 20전비) 야전정비대대 장구반에는 하루에도 수십 명씩 병사들이 드나든다. 식당도 BX도 아닌 곳에 병사들이 몰리는 이유는 다름 아닌 행복을 바느질하는 권순정 군무원 때문. 올해로 6년째 무료로 병사들의 군복을 수선해주고 있는 권 씨는 병사들에게 마음씨와 솜씨 좋은 친누님과 다름없다."(대한민국공군, "행복을 바느질하는 비행단의 미소천사", 2006. 7. 2)

사례 2. "70대 ㄱ씨는 월남전 참전유공자로 지자체에서 참전수당을 받고 있는데 다른 지역에 거주하는 동기와 같이 참전했음에도 불구하고 지역에 따라 금액이 차이 나는 이유가 무엇인가 알 수 없다고 말했다"(행정안전부, "호국영웅에 대한 합당한 예우방안, 국민과 함께 모색한다", 2023. 9. 6.)

통계수치형 리드문

"마을변호사가 500명을 돌파하였습니다. 2013.6.5.

250개 마을에 415명으로 시작된 마을변호사가, 지

금은 341개 마을 505명으로 확대되었습니다."

마을변호사 제도의 마을변호사 신청이 505명에 달한다는 통계수치를 뽑아서 리드문으로 쓸 수 있다. 강조하고 싶은 통계수치가 있다면 그 통계수치를 리드문으로 뽑고 그 의미를 보도자료에 내용으로 다루면 된다.

의문형 리드문

리드문 첫 문장에 의문문을 사용하는 방법이다. 의문형 문장은 독자의 관심을 유도하고 궁금증을 유발하는 효과가 있다. 이런 의문문을 활용해 리드문을 만들 수도 있다.

예를 들면, '국내 체류 외국인들은 법률서비스에서 무엇이 가장 어려운가?'로 시작하는 리드문을 작성하여 법률문제에 봉착한 국내 체류 외국인들의 법률서비스 어려움이 무엇인지를 다루고 그 해결책으로 마을변호사 제도를 소개할 수 있다.

실습 7. 아래 그림과 같이 마을변호사 제도 리드문을 살펴보자. 그리고 아래 빈 양식에 내가 쓴 보도자료의 리드문을 작성해 보자.

그림 3-4. 리드문 작성 실습

'마을변호사 제도' 리드문
까다로운 법률문제, 마을변호사 제도로 무료 상담 받으세요~ • 3,400여 곳의 읍·면·동 마을 주민 누구나 활용할 수 있어 • 전화 한 통이면 무료로 상담 가능해 • 어려운 법률용어도 걱정할 필요 없어
<스토리텔링형> 마을 주민 A씨는 자신의 농로에 진입하는 유일한 길이 이웃 주민 B씨의 토지상에 있는데, 이웃 주민 B씨가 이 길을 폐쇄하려고 하자 마을변호사에게 상담을 요청하였다. 이에 마을변호사는 A씨에게 주위토지통행권이라는 법적 권리가 있으니 B씨에게 길을 폐쇄하지 못하도록 하되, 이웃 B씨의 마음을 헤아려 적절한 보상을 할 것을 권유하였다. <요약형> 법무부·대한변호사협회·행정자치부가 시행하고 있는 마을변호사 제도는 읍·면 지역 주민의 법률복지 향상을 위해 지난 2013년 6월 5일 도입한 제도다. 이 제도는 재능기부를 희망하는 변호사들이 마을 주민들을 대상으로 전화, 팩스, 이메일 등으로 무료법률 상담 서비스를 제공하여 법률사각지대 해결에 크게 기여하고 있다. '무료'

'누구나 활용'

'쉽게 접촉 가능'

'쉬운 설명'

(　　　　　) 주제목, 부제목, 키워드

리드문은 보통 정책 개요를 정리한 요약형과 정책 수혜자의 사례나 미담을 보여 주는 스토리텔링형이 많이 쓰인다. 예전에는 요약형 리드문만 썼는데, 최근에는 스토리텔링형과 요약형을 함께 쓰는 추세다. 이유는 스토리를 통해 쉽게 공감을 하고 핵심 내용을 요약해서 충분히 이해시키고자 함이다.

08
본문 작성과 인용문 따기

짧게 써라, 그러면 읽힐 것이다.
명료하게 써라, 그러면 이해될 것이다.
그림같이 써라, 그러면 기억될 것이다.

현대 저널리즘의 창시자이자 신문왕이라 불리는 퓰리처(Joseph Pulitzer)는 기사를 이렇게 쓰라고 했다. 보도자료도 마찬가지다. 짧게 쓰고, 명료하게 쓰고, 그림같이 써야 독자에게 메시지가 잘 전달되기 때문이다. 이를 중심으로 보도자료 본문 작성과 인용문에 대해 설명하겠다.

본문 작성

일반적으로 A4 용지 1~2쪽 분량은 5~8개 정도의 문단으로 구성되어 있다. 그러면 5~8개의 징검다리 주춧돌을 놓아야 한다. 즉, 앞에서 말한 '점-선-면' 전략을 위해 5~8개 키워드를 정해야 한다. 그리고 이 키워드를 중심으로 메시지 나열, 문장 작성, 문단 구성을 하면 된다.

메시지를 키워드로 배열하라

보도자료는 작성이 아니고 기획이다. 즉 메시지 전략이라고 강조했다. 앞에서 메시지를 개발하고 메시지 우선순위를 정했다. 개발한 메시지가 키워드다. 그리고 이 메시지 키워드를 우선순위에 따라 순서대로 배열하면 된다.

'키워드-문장-문단'으로 펼쳐라

키워드를 배열했다면, 그 메시지 키워드를 중심으로 문장을 만들자. 그런데 문장은 앞에서 한번 작성을 했다. 바로 주제목과 부제목이다. 이 한 문장을 2~3개의 문장으로 확장하여 문단으로 만들면 각 문단의 키워드에 맞는 문단이 형성된다. 즉, 주제목과 부제목을 좀 더 상세하게 설명할 수 있도록 펼쳐보자.

문장은 짧게 쓰고 끊어 쳐라

메시지 키워드를 중심으로 문장과 문단을 구성했다면 이제는 문장 쓰는 법에 대한 설명이다. 무엇보다 퓰리처의 말처럼 짧게 쓰고 끊어 쳐야 한다.

첫째는 단문(單文) 우선이다. 단문이란 주술(主述) 구성이 하나만 포함된 문장으로 주어와 서술어가 하나씩이다. 문장에서 필요한 최소한의 뼈대만으로 쓴 문장은 간결하고 깔끔하다. 또 전달력도 강해 독자가 이해하기도 쉽다. 문장이 두서없이 길어지면 주어와 서술어가 늘어나면서 글이 복잡해진다. 또 주어 서술어 호응이 맞지 않거나 주어가 없어질 때도 종종 있다. 주어, 목적어, 서술어 등 최소한의 문장 구성요소로만 된 간결한 문장이 메시지 전달을 목적으로 하는 보도자료에 효과적이다.

둘째는 끊어 쳐야 한다. 가능한 짧은 말을 사용하자. '~하였다'는 '~했다'로 '~되어'는 '~돼'로 쓰자.

명료하게 써라

보도자료 문장은 애매하거나 두루뭉술한 표현이 아닌 뚜렷하고 명확하게 글을 써야 한다. 명료한 문장을 쓰는 가장 좋은 방법은 숫자로 표현하는 방법이다.

예를 들어, '어제까지 상당히 많은 마을 변호사 제도를 신청했다'라는 문장에는 애매모호한 표현이 있다. '어제'와 '상당히 많은'이다. 이 문장은 '7월 22일까지 450명이 마을 변호사 제도를 신청했다'로 해야 한다. '상당히 많은', '적은 수'의 표현은 '450명', '12개'로 표현하고, '어제', '작년', '다음 달'은 '22일', '2024년', '8월'로 표현해야 한다.

그림같이 써라

필자는 퓰리처가 말한 '그림같이 써라. 그러면 기억될 것이다'는 스토리텔링형으로 표현하라는 의미로 생각한다. 독자의 인식 속에 강력한 그림 한 장을 그리라는 의미로 직관적이고 구체적으로 쓰라는 말이다. 정책 수혜자의 사례를 들어 설명하거나 숫자, 기호, 사자성어, 드라마 유행어 등을 사용해 구체적으로 스토리텔링형으로 표현하면 된다. 독자가 보도자료를 읽고 그의 머릿속에 한 장의 그림이나 영상이 그려지는 게 스토리텔링이다.

소박하게 써라

보도자료 문체는 화려체가 아니고 건조체다. 건조체는 말 그대로 화려한 수식 없이 사실만 담담하게 표현한 문체다. 즉, 미사여구나 불필요한 꾸밈이 없어야 한다. 여기에 정책 홍보에만 몰입해 포장하거나 과장하면 절대 안 되며, 또 작성자의 주관적 생각이나 감정이 들어가면 안 된다.

입으로 읽으면서 써라

말이 있고 글이 있다. 말로 어색하지 않으면 글로도 어색하지 않다. 기자 생활 20년 이상 넘은 데스크도 기사를 검토할 때, 중얼중얼 읽는다고 한다. 입으로 읽어가며 보도자료를 쓰고, 다 쓴 후 소리 내어 읽어 보면 글이 어디가 매

듭이 끊기고 맥락이 부드러운지 금방 느낄 수 있다. 입에 착 붙는 글이 좋은 글이다.

전문용어는 주석을 붙여라

전문용어의 사용은 기자의 관심을 떨어뜨리고, 뉴스의 관점을 흐리게 할 수 있다. 전문용어를 어쩔 수 없이 사용해야 할 경우에는 주석(註釋)으로 부연설명을 달아준다.

주석은 낱말이나 문장의 뜻을 쉽게 풀이한 글이다. 보도자료를 쓰다 보면 독자가 이해하기 어려운 전문용어, 해당 기관 용어, 정책 등에 대한 내용이나 단어를 사용할 때가 있기 마련이다. 이때 주석을 달아 독자가 이해하기 쉽도록 설명해야 한다. 주석을 다는 방법은 문단마다 주석을 달 수 있고, 본문을 다 쓰고 한꺼번에 주석을 다는 방법도 있다.

추신은 '한편, ~'을 사용하라

보도자료에 리드문, 주요 메시지, 인용문을 작성한 후 추가하고 싶은 내용이 있다면 인용문 뒤에 '한편, ~이다' 형식으로 추가 내용을 한 문단으로 작성할 수 있다.

실습 8. 아래 그림과 같이 키워드를 중심으로 작성한 마을변호사 제도 본문을 살펴보자. 그리고 아래 빈 양식에 내가 쓴 보도자료의 본문을 작성해 보자.

그림 3-5. 본문 작성 실습

'마을변호사 제도' 본문
까다로운 법률문제, 마을변호사 제도로 무료 상담 받으세요~ • 3,400여 곳의 읍·면·동 마을 주민 누구나 활용할 수 있어 • 전화 한 통이면 무료로 상담 가능해 • 어려운 법률용어도 걱정할 필요 없어
마을 주민 A씨는 자신의 농로에 진입하는 유일한 길이 이웃 주민 B씨의 토지상에 있는데, 이웃 주민 B씨가 이 길을 폐쇄하려고 하자 마을변호사에게 상담을 요청하였다. 이에 마을변호사는 A씨에게 주위토지통행권이라는 법적 권리가 있으니 B씨에게 길을 폐쇄하지 못하도록 하되, 이웃 B씨의 마음을 헤아려 적절한 보상을 할 것을 권유하였다. 법무부·대한변호사협회·행정자치부가 시행하고 있는 마을변호사 제도는 읍·면 지역 주민의 법률복지 향상을 위해 지난 2013년 6월 5일 도입한 제도다. 이 제도는 재능기부를 희망하는 변호사들이 마을 주민들을 대상으로 전화, 팩스, 이메일 등으로 무료법률 상담 서비스를 제공하여 법률사각지대 해결에 크게 기여하고 있다. '무료' 잘 알지 못하는 법률문제에 부닥쳤을 때 '마을변호사 제도'를 활용하면 손쉽게 무료 상담을 받을 수 있다. 그동안 변호사가 없는 법률서비스의 사각지대였던 시골 도서 등 오지에서도 법률상담

을 받을 수 있는 제도가 마을변호사다.

'누구나 활용'
마을변호사 제도 도입된 이후 전국 3,400여 개 읍·면·동에서 변호사가 배정되어 재능기부를 통해 주민들의 법률서비스 갈증을 해소하고 있다. 읍·면 사무소에 가면 마을변호사 연락처가 기재된 명함이 비치되어 있으며, 포털사이트 네이버에서 마을변호사를 검색하면 자신이 있는 곳의 마을변호사를 쉽게 찾을 수 있다.

'쉽게 접촉 가능'
전화, 팩스, 이메일 등을 통해 마을변호사로부터 손쉽게 무료 상담받을 수 있다. 마을변호사가 직접 지역을 방문해 상담해 주기도 하며, 지역주민들로부터 호평을 받고 있다.

'쉬운 설명'
어려운 법률 용어도 걱정할 필요가 없다. 마을변호사들은 주민과 상담 후 소송이 필요한 경우 대한법률구조공단과 연계하여 도움 주고 있다. 마을변호사 제도는 법을 몰라 억울한 피해를 입는 것을 예방하고 있다.

(　　　　　)본문
주제목 부제목
스토리텔링형 리드문 요약형 리드문

인용문 활용

보도자료에 큰따옴표(" ")인 인용부호를 넣어 기관장, 해당 부서 실·국장, 담당자 등의 인용을 담으면 독자는 훨씬 더 기사 내용에 신뢰를 갖게 되고 현장감을 느끼게 된다.

보도자료 본문은 보통 5~8개 정도의 문단으로 구성하는 게 무난하다. 그중 첫 번째 문단은 리드문이며 맨 마지막 문단은 주로 큰따옴표로 구성된 인용문을 쓴다. 참고로 리드문은 요약형이나 스토리텔링형을 쓰거나, 스토리텔링형과 요약형 두 문단을 쓰기도 한다.

여기서는 마지막 문단인 인용의 대상, 인용문의 효과, 인용문 쓰는 법에 대해서 알아보겠다.

인용의 대상

인용은 크게 관계자 말, 전문가 말, 고객의 말을 이용한다. 그 방법은 다음과 같다.

관계자의 말

여기서 관계자는 보도자료를 작성하는 정부부처나 공공기관에 속한 내부 인물이다. 주로 정부부처 장관이나 공공기관의 기관장 등 대표자의 말을 자주 인용한다. 하지만 대표자뿐 아니라 보도자료에 담는 내용의 핵심 인물의 말을 인용하면 된다. 관련 국장, 팀장, 담당자도 가능하다.

여기서 유의할 점은 가능한 소속 직책과 이름 등 실명을 쓰자. 예를 들어, '행정안전부 자치행정과장 이몽룡', '대한변협사업기획과 기획이사 성춘향'처럼 쓰자. 소속 직책과 이름은 보도자료 내용을 뒷받침하는 신뢰를 준다. 메시지 전달을 목표하는 보도자료는 굳이 '관계자는 말했다'라는 익명은 사용하지 않는 게 좋다. 익명 처리는 인용 내용이 부정적이거나 인용자를 굳이 나타내지 말아야 할 경우에 쓴다.

전문가의 말

전문가의 말을 인용하기도 한다. 보도자료 내용과 관련한 전문가의 말은 전체 내용에 신뢰도를 더 올려준다. 여기서 전문가는 주로 대학교의 관련학과 교수나 국가정책연구원을 말한다.

고객의 말

정책 보도자료에서 고객은 주로 정책이용자나 수혜자다. 마을변호사 제도의 경우 이 제도로 수혜를 본 주민의 말을 인용하면 된다. 이때 유의할 점은 리드문에서 사용한 수혜자 스토리와 겹치지 말아야 한다.

만약 리드문에서 임금체불 청년의 스토리를 사용했다

면, 고객 인용문은 다른 수혜자, 예를 들면 임대차 계약문제를 고민에 빠진 마을 주민의 말을 인용해야 한다. 리드문 스토리와 다른 수혜자, 다른 메시지를 담는 게 좋다.

인용문의 효과

메신저 신뢰 효과

메신저효과(messenger effect)란 메시지를 말하는 메신저가 신뢰가 있으면 효과가 더 커지는 효과를 말하는 것이다. 예를 들어 의사가 건강에 관해 이야기하는 것이 일반인이 말하는 것보다 훨씬 신뢰가 있다.

그래서 보도자료에는 인용문을 담는다. 인용문은 보도자료 내용의 신뢰도를 높이는 방법으로 매우 효과적이다. 보도자료 내용과 관련된 전문가 말은 신뢰와 권위를 주며, 직접 경험한 고객의 말은 보도자료 내용을 증명해 주기 때문이다.

생생한 현장감

기자들은 현장 취재를 좋아한다. 즉 보도자료 내용에 현장감을 담고 싶어 한다. 현장감을 담는 데 필수 요소가 현장에 있는 사람의 이야기다. 그래서 리드문에 스토리를 담고 현장의 목소리를 따는 것을 좋아한다. 스토리텔링형 리드문과 다양한 인용문은 보도자료에 현장감을 더하기 위해 꼭 필요하다.

기자 선호

보도자료 인용문은 기자가 좋아하는 형태다. 일반적으로 보도자료를 받으면 기자는 추가 취재를 한다. 담당자와 통화도 하고 때론 직접 현장으로 출동해서 취재도 한다. 그래서 인용문이 잘 작성된 보도자료는 기자의 시간과 수고를 덜어주는 역할을 한다.

인용문 쓰는 법

인용문은 큰따옴표(" ")로 쓴다. 크게 두 가지로 나눌 수 있는데 '이어지는 문장 안에서 인용'과 '독립된 문장으로 인용'이다.

이어지는 문장 안에서 인용하는 방식에도 두 가지 유형이 있다. 예를 들어 보자.

예제 1.
홍길동 대표는 "…하는 것"이라며 "…하는 점"을 강조했다.

예제 2.
홍 대표는 "…이다"(라)며 "…이다"(라)고 말했다.

예제 1은 '것', '점' 등 명사문 형태로 마쳤으며, 예제 2는 '이다'로 종결어미로 마무리했다. 이렇게 둘 다 사용이 가능하다. 이때는 '…입니다'처럼 경어체가 아닌 '…이다'라고 평어체를 써야 한다.

다음은 독립된 문장으로 인용하는 방법이다.

예제 3.
"AI 도입은 미래를 위한 투자입니다."
홍 대표는 주장했다

예제 3은 문장이 두 개다. 그래서 첫 번째 문장인 인용문도 별개의 문장이어서 예제 2와는 달리 그대로 경어체로 표현했고 '입니다.'에 마침표 '.'를 찍었다.

참고로 보도자료에서 큰따옴표는 인용문 정도에만 쓰고, 작은따옴표(' ')는 강조하거나 고유명사를 쓸 경우에 사용하자. 너무 많이 큰따옴표나 작은따옴표를 사용하지 말자.

실습 8. 아래 그림과 같이 키워드를 중심으로 작성한 마을변호사 제도 본문을 살펴보자. 그리고 아래 빈 양식에 내가 쓴 보도자료의 본문을 작성해 보자.

그림 3-6. 인용문 작성 실습

'마을변호사 제도' 본문
까다로운 법률문제, 마을변호사 제도로 무료 상담 받으세요~ • 3,400여 곳의 읍·면·동 마을 주민 누구나 활용할 수 있어 • 전화 한 통이면 무료로 상담 가능해 • 어려운 법률용어도 걱정할 필요 없어
마을 주민 A씨는 자신의 농로에 진입하는 유일한 길이 이웃 주민 B씨의 토지상에 있는데, 이웃 주민 B씨가 이 길을 폐쇄하려고 하자 마을변호사에게 상담을 요청하였다. 이에 마을변호사는 A씨에게 주위토지통행권이라는 법적 권리가 있으니 B씨에게 길을 폐쇄하지 못하도록 하되, 이웃 B씨의 마음을 헤아려 적절한 보상을 할 것을 권유하였다. 법무부·대한변호사협회·행정자치부가 시행하고 있는 마을변호사 제도는 읍·면 지역 주민의 법률복지 향상을 위해 지난 2013년 6월 5일 도입한 제도다. 이 제도는 재능기부를 희망하는 변호사들이 마을 주민들을 대상으로 전화, 팩스, 이메일 등으로 무료법률 상담 서비스를 제공하여 법률사각지대 해결에 크게 기여하고 있다. 잘 알지 못하는 법률문제에 부닥쳤을 때 '마을변호사 제도'를 활용하면 손쉽게 무료 상담을 받을 수 있다. 그동안 변호사가

없는 법률서비스의 사각지대였던 시골 도서 등 오지에서도 법률상담을 받을 수 있는 제도가 마을변호사다.

마을변호사 제도 도입된 이후 전국 3,400여 개 읍 · 면 · 동에서 변호사가 배정되어 재능기부를 통해 주민들의 법률서비스 갈증을 해소하고 있다. 읍·면 사무소에 가면 마을변호사 연락처가 기재된 명함이 비치되어 있으며, 포털 사이트 네이버에서 마을변호사를 검색하면 자신이 있는 곳의 마을변호사를 쉽게 찾을 수 있다.

전화, 팩스, 이메일 등을 통해 마을변호사로부터 손쉽게 무료 상담받을 수 있다. 마을변호사가 직접 지역을 방문해 상담해주기도 하며, 지역주민들로부터 호평을 받고 있다.

어려운 법률 용어도 걱정할 필요가 없다. 마을변호사들은 주민과 상담 후 소송이 필요한 경우 대한법률구조공단과 연계하여 도움 주고 있다. 마을변호사 제도는 법을 몰라 억울한 피해를 입는 것을 예방하고 있다.

강화군 마을변호사 김변호 씨(43, 강화군 강화읍)는 "쉽고 가깝게 법률상담을 도와드리고 싶었다"며 "마을변호사 제도가 실효성 있게 유지될 수 있도록 진심으로 노력하겠다"고 말했다. 또 박마을 씨(65, 제주 구좌읍)는 "보통 법에 대해 얘기하면 엄청난 중압감이 느껴지는데, 마을변호사가 법에 대한 울렁증을 해소시켜줘 정말 고맙다"고 전했다.

(　　　　　) 본문
주제목 부제목
<스토리텔링형 리드문> <요약형 리드문> <인용문>

위 사례에서는 2개의 인용문을 썼다. 관계자에 해당하는 한 변호사가 마을변호사가 되어 마을사람들을 돕겠다는 마음다짐을 말했고, 다른 인용문은 마을변호사가 있어 마음이 든든하다는 정책 수혜자의 말이다. 이렇게 정책과 관련된 두 사람의 말을 인용했다.

보도자료 기본 구조와 메시지 활용

지금까지 보도자료 작성 방법을 공부했다. 정리하면, 필자의 보도자료 작성법은 크게 3단계다. 먼저 메시지를 개발하고, 다음은 보도자료 기본 구조에 메시지를 담고, 그리고 작성하면 된다. 그래서 메시지와 보도자료 기본 구조를 강조하고 작성법을 설명했다. 여기서는 메시지를 보도자료 기본 구조에 담는 법을 정리해 보겠다. 먼저 그림 3-7을 보자.

메시지 1

메시지 2

메시지 3

메시지 4

리드문 : 전체 요약, 5W1H

메시지 1

메시지 2

메시지 3

메시지 4

인용문 : " "

상세 자료 이미지 소개 자료

그림 3-7. 보도자료 기본 구조와 메시지

홍보전략에서 4개의 메시지를 개발하고 우선순위를 메시지 1, 메시지 2, 메시지 3, 메시지 4 순서대로 정했다면, 그 메시지를 그림 3-7과 같이 보도자료 기본 구조에 담자.

먼저, 보도자료 기본 구조 맨 위에 있는 주제목에는 메시지 1을 제목으로 만들어 작성하고, 부제목에는 메시지 2, 3, 4를 부제목으로 만들자.

리드문은 전체 내용을 요약해서 육하원칙 5W1H(Who, When, Where, What, Why, How)에 따라 1~2 문장으로 작성하자.

본문 내용은 메시지 1개당 1개 문단으로 만들자. 메시지가 4개라면 총 4개의 문단이 된다.

끝으로 인용문을 관계자, 전문가, 이용자 등의 인용을 따서 정리하자.

또, 추가할 내용이 있다면 '한편,'을 활용해 1개 문단을 추가해도 좋다.

그리고 첨부 자료를 덧붙이자. 보도자료를 보충 설명하는 상세 자료, 사진이나 그래프 등 이미지, 기관 소개 자료를 첨부하자.

보도자료 글쓰기 6원칙

보도자료 작성을 위해 반드시 기억해야 할 글쓰기 원칙을 크게 여섯 가지로 정리했다. 우선으로 해야 할 세 가지와 피해야 할 세 가지로 '3우 3피'로 보면 간단하다. 즉, 세 가지 우선 원칙은 간결체 우선, 건조체 우선, 단언체 우선이며, 세 가지 피해야 할 원칙은 반복적인 표현, 갑자기 튀어나오는 생뚱맞은 단어, 한자어나 일본어 투 등 외래어식 표현이다.

간결체로 써라: 주어, 서술어가 1개씩인 단문으로 써라

간결체의 반대는 만연체다. 앞에서도 언급했지만, 보도자료는 간결체로 작성해야 하며, 문장은 단문(單文)을 우선으로 사용해야 한다. 단문이란 주어와 서술어가 1개씩 있는 문장이다. 문장은 주로 '주어+목적어(보어)+서술어'로 된다. 여기서 주어와 서술어가 2개 이상인 복문으로 쓰게 되면 주어와 서술어 호응이 어렵다. 즉, 주어가 서술어와 맞지 않게 된다. 주어, 서술어가 두 개 이상인 복문은 단문으로 잘게 잘라야 한다.

예제 1.

가. 촉나라가 오나라를 기습공격하고 나서 삼국의

긴장이 고조되는 결과를 낳았다.

나. 촉나라가 오나라를 기습공격했다. (그 후) 삼국의 긴장이 고조됐다.

'가'에서 주어 '촉나라가'와 서술어 '낳았다'가 호응이 맞지 않는다. 이를 '나'처럼 두 개 문장으로 나눴다. 또 단문(單文)이란 의미에는 단문(短文)의 의미도 있다. 한 문장을 40자 이내로 하는 게 좋다. 물론 필요에 따라 짧은 문장과 긴 문장이 리듬 있게 연결돼야 한다. 또한 '그러나', '그런데', '그리고', '그렇지만' 등 접속어는 최소화하고, 문맥이 자연스럽게 이어지도록 하면 더욱 효과적이다.

건조체로 써라: 주관적인 꾸밈이 없는 문장으로 써라

건조체의 반대는 화려체다. 미사여구나 과장이 없고 화려하지 않은 표현이다. 수사가 절제되어 있고 꾸밈이 없는 표현이다. 만약 수사가 있다면 표현을 정확하게 해야 한다. 아래 '가'를 '나'와 같이 변경했다.

예제 2.

가. 〈스카이 캐슬〉은 굵직굵직한 사회적 이슈를 내세운 근래 보기 드문 드라마다.

나. 〈스카이 캐슬〉은 굵직한 사회적 이슈를 내세

운 드라마다.

또 문법으로 꾸미는 말은 꾸밈을 받는 말과 가장 가까이에 있어야 한다. 바로 꾸밈의 호응이다. 아래 '예제 3'의 '가'의 '철저하게'의 위치는 '나'로 옮겨야 한다.

예문 3.
가. 철저하게 직장인의 편의를 고려한 과정
나. 직장인의 편의를 철저하게 고려한 과정

단언체로 써라: 애매한 표현보다 숫자를 써라

단언체는 단정적으로 쓰는 글이다. 우리가 흔히 쓰는 '~인 것 같다', '~수도 있다', '~생각된다', '~고 한다' 같은 표현은 추측하는 표현이다. '~한다', '~했다', '~이다'로 써야 한다.

또 '언젠가', '어릴 적에', '몇 년 전에', '내년'과 같은 애매한 시간 표현보다는 '2011년 가을', '초등학교 시절', '12년 전에', '2025년'처럼 숫자 표현이나 구체적인 시간으로 표현해야 한다.

표현의 반복을 피하라: 반복되는 단어, 문장, 조사는 피하라

글쓰기에서 반복은 절대 금물이다. 물론 산문이 아닌 운문에서 두운이나 각운을 맞추기 위한 반복은 필요하다. 보도자료는 운문이 아닌 논리적인 산문이다. 그래서 반복은 피해야 한다.

반복에는 한 문장이나 문단에 단어를 반복하는 경우, '~도', '~나' 같은 조사의 반복이 있다. 또 우리는 자주 문장에 '~한 것이다'를 반복하기도 한다. 특정 주어와 서술어를 반복하는 경우도 비일비재하다.

보도자료에 꼭 들어가는 인용문에서 '말했다' 표현을 자주 쓴다. 그런데 인용문이 2개 이상이 들어갈 때 '말했다'를 반복하는 것보다는 '밝혔다', '전했다', '강조했다', '주장했다', '더했다', '부연했다', '곁들였다', '덧붙였다', '설명했다', '말문을 열었다' 같이 다양한 표현 사용이 훨씬 낫다.

생뚱한 단어를 피하라: 생뚱한 단어는 피하거나 설명하라

밑도 끝도 없는 생뚱맞은 단어를 갑자기 꺼내지 마라. 또한 관련이 없는 낯선 단어를 피해야 한다. 만약 생뚱한 단어를 쓰고자 한다면 문장이나 단어의 앞이나 뒤에 간단하게라도 설명을 덧붙여야 한다.

예제 4.

가. 스토리엔 김태욱 대표는 "홍보는 기업의 마음을 보여 주는 조직 철학이다"라고 말했다.

나. 홍보 컨설팅사 스토리엔 김태욱 대표는 "홍보는 기업의 마음을 보여 주는 조직 철학이다"라고 말했다.

다. 브랜드스토리 마케팅에서 인물은 스토리 3요소 중 하나로 중요하다.

라. 브랜드스토리 마케팅에서 인물은 스토리 3요소 중 하나로 중요하다. 스토리 3요소는 인물, 배경, 사건을 말한다.

'가'에서 갑자기 나타난 '스토리엔'은 생뚱맞다. 이때는 '나'처럼 '스토리엔'을 알려 줄 수 있는 '홍보 컨설팅사'와 같은 수식어를 사용해야 한다. '다'에서 나온 '스토리 3요소'도 '라'와 같이 간단하게 설명을 해야 한다.

외래어 표현을 피하라: 한자어 투, 일본어 투, 외래어 표현은 피하라

보도자료 작성은 되도록 우리말을 우선으로 사용해야 한다. 우리는 자신도 모르게 한자어 투, 일본어 투, 영어 투의 단어나 문장을 곧잘 사용하곤 한다. 다음과 같은 말은 자주 헷갈

리곤 한다. 아래 '예제 5'의 '가'는 '나'처럼 바꿔 쓰도록 하자.

예제 5.

가. 개최한, 표명해야, 금년, 동 행사, 증가했다, 제고하다, 지양하다, MOU

나. 연, 밝혀야, 올해, 이 행사, 늘었다, 높이다, 하지 않다, 업무협약

문장의 외래어 투 표현은 영어의 수동태 같은 피동형 문장이다. 우리말은 되도록 피동형을 피하고 능동형 사용을 원칙으로 한다. 피동형과 능동형을 모두 사용할 수 있다면 능동형을 써야 한다. 아래 '예문 6'의 '가'는 '나'처럼 바꿔 쓰자.

예문 6.

가. 피해액이 5억 원으로 집계되었다.

나. 서울시는 피해액을 5억 원으로 집계하였다.

09
비주얼 자료와 첨부 자료

보도자료는 메시지를 좀 더 쉽게 설명하거나 강조하기 위해 비주얼 자료와 첨부 자료를 활용한다. 첨부 자료는 크게 세 가지가 있다. 보도자료만으로 자료가 충분하지 않을 경우를 내비한 상세 자료, 기사를 보완할 수 있는 이미지 자료, 그리고 해당 기관을 소개하는 기관 소개서가 있다.

첨부 자료로 메시지 보완하기

첨부 자료는 크게 세 가지다. 1~2쪽 내외의 보도자료에 모두 담을 수 없는 내용을 보완하는 상세 자료, 메시지를 쉽게 전달하는 이미지 자료, 그리고 기관 소개서다.

상세 자료

5~8문단으로 구성된 보도자료만으로 메시지를 충분히

담을 수 있다면 최고의 보도자료다. 하지만 보도자료를 받은 기자가 기사작성을 위해서는 보도자료 내용만으로는 부족할 때가 종종 있다. 기자는 더 자세한 내용을 취재해서 기사를 완성해야 한다.

그래서 먼저 상세 자료가 필요하다. 기자는 보도자료 외에 첨부된 상세 자료를 보고 충분히 이해하고 기사의 방향을 잡아 기사를 쓴다. 때론 기자가 상세 자료를 참고하여 새롭게 기획한 기사가 탄생하기도 한다.

법무부에서 진행하는 마을변호사 제도의 보도자료 '한 걸음 한 걸음 마을변호사가 국민들 곁으로 다가가고 있습니다'의 경우에는 '마을변호사 추진 현황 자료'뿐 아니라 '마을변호사 명단'과 '상담 사례' 자료 7쪽이 별첨되었다. 또 '우리 마을 변호사를 찾는 방법'을 자세히 알려 주는 내용도 보도자료 하단에 추가되었다.

첨부하는 상세 자료 형식은 보도자료 파일과 같이 줄글로 쓴 한글 파일이 좋다. 발표용인 PPT나 이미지 파일은 가급적 피하자.

사진 이미지 자료

보도자료에 이미지 첨부는 필수다. 사진, 일러스트, 그래프, 숫자통계, 포스터, 인포그래픽 등 이미지를 보도자료와 함께 첨부하여 좀 더 쉽게 메시지를 전달해야 한다. 필요하다면 이해를 도울 수 있는 동영상을 첨부해도 된다. 그중 사진 이미지를 첨부할 때 유의사항은 다음과 같다.

사진은 가능한 한 여러 장 보내자

한 장의 사진보다는 여러 장을 보내는 것이 낫다. 그렇다고 무조건 많은 것이 좋은 건 아니다. 앵글이 다른 2~3장이 무난하다. 여기서 앵글이 다르다는 의미는 사진 찍는 앵글이 아닌 사진 내용이 다르다는 의미다. 예를 들어, 행사 보도자료를 보낸다고 가정하자. 이때 사진은 전체 행사 전경, 행사 프로그램 내용, 행사 참여자 모습, 기관장 등 주요인물의 모습 등 서로 다른 내용의 다양한 사진을 보내는 것이 좋다.

가로형 사진이 기본이다

최근 뉴스나 소셜미디어 사진은 주로 가로형을 사용한다. 뉴스 소비자의 십중팔구가 모바일로 소비하는 추세이므로 모바일에 적합한 가로형 사진이 좋다. 물론 상황에 따라 세로형도 가능하다.

너무 작지 않고 너무 크지 않게 보내자

사진 이미지 사이즈는 너무 작지 않고 너무 크지 않으면 된다. 1MB 이하면 너무 작고 30MB 이상은 너무 크기 때문에 가능한 피하자. 보통 1~10MB 크기로 jpg 파일이 무난하다.

사진 설명을 하자

첨부 사진이 어떤 내용인지 설명을 꼭 쓰자. 무슨 행사 장면인지, 무슨 정책 서비스인지 설명을 반드시 써야 한다. 특히 사진 속 주요인물은 누구인지 표기하자.

예를 들면, "사진 1. 제3회 마을변호사 위촉식 장면, 좌로부터 법무부 장관 ○○○, 변호사 ○○○, 변호사 ○○○, 행정안전부 차관 ○○○" 식으로 쓰면 된다. 또, 사진 속 상황을 설명할 때는 현재형으로 써야 한다. 과거형 '~ 점검했다'가 아니라 현재형 '~ 점검하고 있다'로 쓰자.

파일명은 검색 키워드를 담자

뉴스의 십중팔구가 모바일에서 소비된다. 즉 대부분의 독자는 지면신문보다 온라인으로 뉴스를 본다. 그래서 보도자료 역시 온라인 검색 홍보를 염두에 두고 작성해야 한다. 바로 '검색 키워드'다.

이때 보도자료에 검색 키워드를 담는 것은 당연하고 첨부하는 이미지 파일명까지 '검색 키워드'를 고려해서 정해야 한다. 예를 들어 파일명을 '보도자료이미지'라고 하지 말고, '마을변호사 제도', '마을변호사', '법무부마을변호사 제도' 등으로 해야 한다.

저작권에 유의하자

모든 사진 이미지는 저작권이 있다. 반드시 보도자료를 배포하는 홍보 당사자에게 저작권이 있는 사진을 첨부해야 한다. 인터넷에서 찾은 이미지나 연예인 사진은 금물이다. 반드시 직접 촬영한 사진을 사용하자. 또한 직접 찍은 사진도 사진 속 인물의 초상권도 고려해야 한다.

기관 소개서

첨부 자료에 기관 소개서를 넣어야 할 경우가 있다. 기자가 우리 기관에 대해 잘 모를 때나 우리 기관이 새로 생겼을 때다.

먼저 우리 출입처에 기자가 새로 왔을 때다. 물론 기자는 스스로 관련 기관에 대해 공부를 하지만, 보도자료를 보낼 때 우리 기관에 대한 자료를 함께 보내 주는 게 좋다.

두 번째는 우리 기관이나 우리 부서가 새로 생겼을 때다. 물론 미팅을 통해 기자에게 소개하기도 하지만 보도자료에 우리 기관 소개서를 함께 보내 주자.

기관 소개서에는 우리 기관의 하는 일과 서비스 등을 잘 보여 주면 된다. 특히 기관장의 프로필도 함께 보내자.

이미지로 메시지 강조하기

언론은 비주얼 자료를 좋아한다. 비주얼 자료는 독자에게 메시지를 쉽게 전달할 수 있고 중요한 메시지는 강조할 수 있기 때문이다. 비주얼 자료는 앞에서 설명한 사진을 포함해 정책설명 이미지, 숫자통계를 활용한 인포그래픽, 스토리텔링형 웹툰 등이 있다.

정책 설명 이미지

정책은 국민들에게 딱딱하고 재미없다. 또 이해하기 어려울 때도 있다. 이를 쉽게 표현하기 위해 이미지를 활용하면 좋다.

정책 설명 사례 1. 중소벤처기업부 소상공인 자생력 강화대책

온라인 시장 진출 촉진

- 소상공인 1인 방송 홍보·판매 온라인 플랫폼 구축 오픈스튜디오 마련 및 온·오프라인 연계 특판전('19.11)
- TV홈쇼핑·온라인 쇼핑몰 입점 2천8백개사 O2O 검색광고 1만개사 지원
- 글로벌 쇼핑몰 4백개사 입점 및 한류 연계 홍보 지원
- 전담셀러 2천명 매칭, 교육·컨설팅 5천여명 제공
- 1인 크리에이터 홍보 전문인력 5백명 양성

스마트 기술과 성공모델의 확산

- 테이블오더, 스마트미러 등 신기술을 활용한 '스마트상점' 1천여개
- 스마트공장을 추진하는 소공인 대상 자금 1천억 지원
- 장인정신을 이어갈 3백명의 '명문소공인' 지정
- 역사와 노하우의 '백년가게' 지정('22년까지, 1천개)
- 성공CEO의 비법 전수, '성공 공유 협력모델' 발굴

사람이 모이는 시장, 상권 만들기

- 지역사랑상품권, 온누리상품권 5.5조원 발행, '상권르네상스' 지원 확대
- '로컬크리에이터' 170명의 지역 명소 콘텐츠 기획
- 지역 축제, 관광지와 연계한 15개 전통시장 투어상품 개발

소상공인의 경영개선 및 재기지원

- 25만개 사업체 대상 5조원 특례보증
- 저신용 소상공인 전용자금 5백억 제공
- 정책자금 대출 상환 연장 및 유예 제도 도입
- 소상공인재기지원센터 운영('19년, 30개소 설치)

* 별도 표시가 없는 경우 2020년 사업에 해당

출처: 중소벤처기업부 페이스북

정책 설명 사례2. 인사혁신처 2020년 예산안 설명

출처: 인사혁신처 페이스북

숫자나 통계를 활용한 인포그래픽

인포그래픽은 정보(information)와 도표(graphics)를 결합한 콘텐츠다. 인포그래픽 강점은 많은 분량의 정보를 한 장의 이미지에 담아 이해하기 쉽게 전달할 수 있다.

인포그래픽은 정보에 스토리와 디자인을 입혀 정보를 직관적으로 전달함으로써 보는 사람이 흥미를 유발한다.

숫자나 통계 활용 사례 1. 기획재정부 8월 고용동향

출처: 기획재정부 페이스북

또한 정보를 습득하는 시간을 대폭 줄여 주면서 기억하는 시간을 연장하는 효과가 있다. 그래서 언론미디어는 인포그래픽을 많이 활용하는 추세다.

정책홍보 보도자료에 많이 사용하는 인포그래픽은 숫자나 통계 인포그래픽이다.

숫자나 통계 활용 사례 2. 국토교통부, 고속도로 통행량 이미지

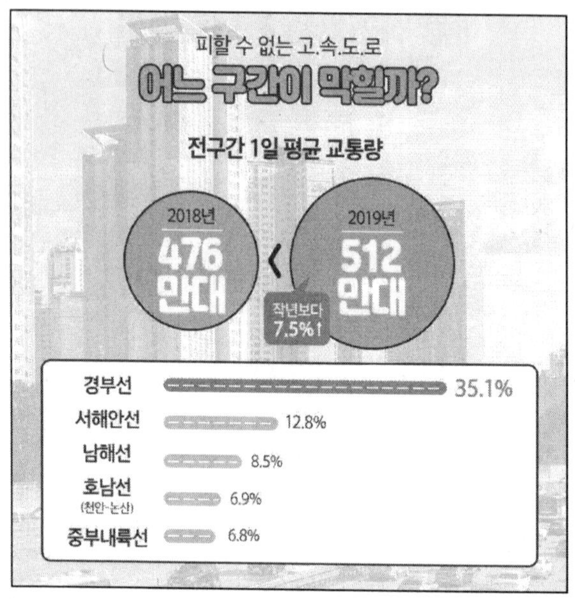

출처: 국토교통부 페이스북

스토리텔링형 웹툰

국민에게 정책을 알리고 이해시키기 위해 스토리텔링을 활용하면 효과적이다. 스토리는 어려운 메시지를 쉽게 전달할 수 있기 때문이다. 여기에 웹툰 형식으로 만들어 재미를 더해 주면 국민에게 좀 더 쉽게 다가설 수 있다.

스토리텔링형 웹툰 사례 1. 법무부, 난폭운전 엄정처벌 웹툰

출처: 법무부 페이스북

스토리텔링형 웹툰 사례 2. 산림청 "말벌, 무엇이 맞고 무엇이 틀릴까" 웹툰

출처: 산림청 페이스북

4부
보도자료 점검과 활용

10
전체 구성과 문맥 점검하기

보도자료를 다 썼다면 점검하자. 먼저 보도자료에서 기획한 방향과 잘 맞는지, 문맥의 흐름은 부드러운지 봐야 한다.

첫째는 전체 구성을 점검해야 한다. 보도자료가 독자 입장에서 핵심 메시지가 전달되었는지, 전체적인 구성은 잘되었는지 등 전문을 확인한다.

둘째는 문맥의 흐름을 점검한다. 메시지의 구성과 문맥의 배열과 문맥의 의미 전달을 확인해야 한다.

전체 구성 점검

보도자료의 난이도는 '중학생이 읽어서 이해할 정도'라고 했다. 즉, 그 정도로 쉽게 써서 쉽게 전달돼야 한다. 이를 점검하기 위해 아래와 같이 단계별로 점검해 보자.

소리 내어 읽어 보자

읽어 보면 알 수 있는 것들이 있다. 첫째, 내용이 명확한지 알 수 있다. 보도자료 내용이 명확하다면 읽어보면 금방 이해가 된다.

둘째는 문장이 매끄러운지 알 수 있다. 읽는데 자꾸 막힌다면 문장이 어색한 거다.

그리고 셋째로 문장 길이를 알 수 있다. 40자 이내의 문장이 좋다. 40자가 넘어가면 한숨에 읽기가 어렵다. 읽는데 호흡이 가빠진다면 한번 문장 길이를 잘라 보자. 아마 2~3개 문장으로 분리할 수 있을 것이다.

목표공중 관점에서 이해하기 쉽게 썼는가

메시지가 명확한가를 점검하는 단계다. 목표공중을 염두에 두고 읽어 보자. 만약 내가 이 기사를 읽는다면, 메시지를 이해할 수 있는지 판단해 보자.

문단별로 핵심 메시지가 무엇인지 빨간 펜으로 체크해 보자. 처음 기획했던 내용대로 메시지가 담겼다면 성공이다.

중2도 고개를 끄덕일 수 있는가

쉽게 썼는지를 판단하는 단계다. 가장 좋은 방법은 정말 중학생이나 보도자료 내용을 전혀 모르는 사람에게 보도자료를 읽게 하고 이해했는지를 물어보면 좋다.

만약 읽고서 고개를 끄덕인다면 난이도는 성공이지만, 이해하기 어렵다는 반응을 보이면 보도자료 내용과 글을 점검해 보자. 문맥이나 문장은 어려운지, 단어는 전문용어를 썼는지 등 살펴보자.

제목과 문맥

보도자료의 전체 내용과 난이도를 점검했다면, 이번엔 제목, 부제목, 문맥을 살펴보자. 아래 체크리스트를 보고 점검해 보자.

제목과 부제목 점검

보도자료 기획에서 제목과 부제목은 메시지 전략이며, 메시지 중요도 우선순위를 기준으로 작성하기로 했다. 앞 마을변호사 제도 예시를 다시 보면서 아래 체크리스트를 확인해 보자.

- 주제목 까다로운 법률문제, 마을변호사 제도로 무료 상담 받으세요~
- 부제목 1 3,400여 곳의 읍 · 면 · 동 마을 주민 누구나 활용할 수 있어

- 부제목 2 전화 한 통이면 무료로 상담 가능해
- 부제목 3 어려운 법률용어도 걱정할 필요 없어

전달 메시지를 잘 표현했는가

마을변호사 제도의 전달 메시지를 우선순위는 '무료', '누구나 활용', '쉽게 접촉 가능', '쉬운 설명'이다. 주제목과 부제목에 그대로 차례대로 담겨 있음을 확인할 수 있다.

기자나 독자의 관심을 끌 수 있는가

기자나 독자, 즉 목표공중의 관심을 끌 수 있는지가 관건이다. 여기서 목표공중은 변호사 혜택을 받지 못하는 무변촌 마을 주민이므로 이들의 관심을 유도하도록 제목과 부제목을 작성했다.

구어체이며 생동감 있는가

주제목과 부제목 모두 구어체로 작성됐다. 그리고 숫자와 구체적인 표현을 사용해 생동감을 주었다.

본문에 워딩은 살아 있는가

제목과 부제목에 사용한 '까다로운 법률문제', '무료', '3,400여 곳', '전화 한 통' 등의 워딩은 본문에 꼭 담아야 한다.

부제목과 제목이 중복되지 않는가

메시지 개발에서 중요도에 따라 우선순위를 매기면 당연히 주제목과 부제목은 중복되지 않는다.

여기서 주제목을 잠깐 보자.

까다로운 법률문제,
마을변호사 제도로 무료 상담 받으세요~

주제목이 다소 길다면, 아래 정책 수혜자의 인용문에서 내용을 뽑아 주제목을 만들어도 된다.

박마을 씨(65, 제주 구좌읍)는 "보통 법에 대해 얘기하면 엄청난 중압감이 느껴지는데, 마을변호사가 법에 대한 울렁증을 해소시켜줘 정말 고맙다"고 전했다.

주제목을 다음과 같이 수정했다.

마을변호사 제도로 법률 울렁증 해소하세요~

문맥 점검

여기서 문맥(文脈)이란 말 그대로 '글의 흐름'이다. 흐름이 논리적으로 잘 맞고 유연해야 한다. 보도자료를 구성하는 5~8개의 문단이 흐름이 논리적인지, 앞뒤 문단의 연결이 매끄러운지를 점검해야 한다.

문맥이 논리적인지 체크하자

먼저 읽어가면서 리드문부터 인용문까지 문장과 문단의 흐름은 자연스럽고 논리적인지를 본다. 만약 논리가 맞지 않고 연결이 매끄럽지 않을 때에는 문장이나 문단 차례를 변경하거나 삭제, 추가해야 한다. 이때 전체적인 방향과 메시지를 고려하여 가필과 정정 작업을 해야 한다.

중요한 메시지 누락을 체크하자

핵심 내용의 중요도를 고려하여 차례가 구성되었는지 점검하자. 앞의 문맥 흐름과 함께하는 작업으로 핵심 메시지의 우선순위도 점검해야 한다. 가능한 중요한 메시지는 꼭 내용에 담아야 하며, 본문 전체에서 앞부분에 놓이도록 하는 게 좋다. 또한 중요한 메시지 누락이 있는지 꼭 살펴보자.

문단별 체크리스트를 보고 확인하자

문단별 체크리스트는 다음과 같다. 문단 하나에 아래 체크리스트를 생각하며 하나씩 짚어 보자.

① 리드문은 육하 원칙으로 이해하기 쉽게 구성되었는가?

② 리드문에 스토리텔링은 적절한가?

③ 문단별 주요 메시지는 잘 전달되는가?

④ 근거 제시가 명확하고 논리적인가?

⑤ 인용 대상자와 인용 내용은 적절한가?

⑥ 주석, 첨부자료, 사진, 인포그래픽 등 이미지는 적절한가?

11
문장과 맞춤법 점검하기

앞 장에서 문맥의 흐름과 중요한 메시지를 점검했다면 이 장에서는 좀 더 상세한 점검을 하자. 문장은 제대로인지, 오탈자는 없는지를 확인해야 한다. 보도자료의 정확성은 곧 정책에 대한 신뢰로 이어질 수도 있다.

첫째, 문장 호응을 확인해야 한다. 문장 호응은 주어 서술어가 연결이 잘 되었는지, 꾸며주는 말과 받는 말의 호응이 제대로 되었고 가까이 있는지를 확인해야 한다.

정신없이 글을 작성하다 보면 문장이 길어지고, 주어나 서술어가 빠지거나 맞지 않는 비문(非文)이 생기기 쉽다. 꾸미는 말도 마찬가지로 호응이 맞지 않는 경우가 발생한다. 꾸며주는 말은 가능한 받는 말과 가깝게 있어야 한다.

둘째, 맞춤법과 띄어쓰기를 확인한다. 보도자료를 모두 작성했다면 맞춤법 체크는 필수다. 종종 맞춤법이 잘못되어 기자들에게 핀잔을 듣는 홍보담당자가 간혹 있으니, 귀찮더라도 반드시 맞춤법을 점검하도록 한다.

마지막으로 숫자 표기, 특수기호 적합성, 이미지 등을 확인한다. 특히 인원, 금액, 현황 등을 나타내는 숫자는 매우 중요하다. 기자들은 이런 수치를 매우 중요시하기 때문에 작성을 모두 마친 보도자료라도 조금이라도 미심쩍으면 관련 부서에 연락해 반드시 확인하는 게 좋다.

문장 점검

문장 점검은 문장 전체를 보는 방법과 문장 호응을 점검하는 방법으로 볼 수 있다.

문장 전체 점검하기

문장 전체 점검은 크게 다음 내용을 체크하면 좋다. 예제를 들어서 설명하겠다.

예제 1.

가. 우리는 충분히 생각한 다음에 말을 하지 않으면 서로 오해로 인해 싸움을 한다.

나. 우리는 충분히 생각한 다음에 말을 해야 한다. 그렇지 않으면 서로 오해로 인해 싸움을 한다.

다. 우리는 충분히 생각한 다음에 말을 해야 한다.

서로 오해로 싸울 수 있다.

단문으로 썼는가?

단문이란 주술 구성이 주어와 서술어가 하나씩으로 이뤄진 문장이다. '예제 1 가'는 구조상 복문이지만, 부정 표현과 조건절이 복잡하게 얽혀 있어 독자가 의미를 혼동할 수 있다. 이를 '예제 1 나'처럼 단문 중심으로 바꾸면 메시지가 훨씬 명확해진다.

또는 '예제 1 다'와 같이 더 간결하게 정리할 수도 있다.

이처럼 하나의 복문을 단문 두 개로 나누면 전달력이 높아지고, 의미가 분명해진다. 보도자료 작성에서는 불필요한 복잡성을 줄이고, 내용을 분리하여 쓰는 것이 독자의 이해를 돕는 기본 원칙이다.

접속어와 조사 사용을 줄였는가?

'그런데', '그러나', '그리고' 등 접속어는 되도록 없으면 좋다. '예제 1 가' 문장을 '예제 1 나'로 바꾸면 접속어가 발생한다. 이때 접속어 '그렇지 않으면'을 빼도 말이 되면 논리가 맞는 문장이다. '예제 1 다'처럼 과감하게 빼도 된다.

조사 사용 역시 가급적 줄이자. 특히 겹조사는 줄여야 한다. 예를 들어 '12일 이후부터'는 '12일 이후'나 '12일부터'로 쓰면 된다.

피동형은 피하고 능동형으로 썼는가?

문장은 되도록 능동형으로 쓰자. 피동형으로 쓰면 주체가 숨어버리기 때문에 행동의 주체가 불분명해진다. 또 피동형으로 쓴 문장은 주체자인 자기 자신은 없어지기 때문에 자신감이 없어 보여 설득력도 떨어진다.

'예제 2 가'의 '집계되었다'는 피동형이다 '예제 2 나'처럼 '집계했다'로 변경해야 한다. 또 되도록 '되었다', '하였다'보다 '됐다', '했다'로 짧게 끊는 게 좋다.

예제 2.

가. 피해액이 5억 원으로 집계되었다.

나. 서울시는 피해액을 5억 원으로 집계했다.

문장 호응 점검하기

문장 호응은 주어 서술어 호응과 꾸밈말 호응이다. 다음 내용을 체크하면 좋다. 예제를 활용해 설명하겠다.

주어, 서술어가 제대로 호응하는가?

문장은 보통 '주어+목적어(보어)+서술어'로 이뤄진다. 이때 주술 호응이 맞지 않으면 문장이 어색해지고, 의미 전달에 혼선을 준다. 주술 호응을 점검하려면 주어와 서술어를 빨간 펜으로 표시해 보는 것이 효과적이다.

'예제 3 가'는 겉보기에는 자연스럽지만, 주어가 '정책의 효과성과 추진 동력'인데 서술어는 '확보할 필요가 있다'로 이어져 주어와 동사의 호응이 어색하다. 사람이 아닌 '정책'이 '필요를 가진다'는 표현은 논리적으로 맞지 않다. '예제 3 나'처럼 고쳐야 한다.

이처럼 주어에 맞는 서술어를 쓰는 것은 문장 구성의 기본이며, 기사나 보도자료에서는 더욱 엄격하게 적용된다. 문장이 길어질수록 주술 호응 오류가 생기기 쉬우므로, 핵심 문장을 짧게 나누고 주어와 서술어의 관계를 점검하는 습관이 필요하다.

예제 3.
가. 정책의 효과성과 추진 동력을 확보할 필요가 있다.
나. 정책은 효과성과 추진 동력을 확보하는 것이 중요하다.

꾸며주는 말과 받는 말은 가까이 있는가?

주어 서술어의 호응을 점검했다면, 이번에는 꾸며주는 말과 받는 말이 제대로 호응하며 가까이 있는지를 점검해야 한다. 예제를 보며 설명하겠다.

예제 4.
가. 기독교계는 다양한 통일에 대한 노력이 있었다.
나. 기독교계는 통일에 대한 다양한 노력이 있었다.

'예제 4 가'에서 '다양한' 꾸민 호응이 틀렸다. '다양한 통일'이 아니라 '다양한 노력'이 돼야 한다. 꾸며주는 말 '다양한'이 받는 말 '노력' 바로 앞에 있어야 한다.

마을변호사 보도자료에서 아래 문장을 다음과 같이 수정하였다. 제도의 주체가 되는 '법무부, 대한변호사협회, 행정자치부'를 주어로 했다.

〈수정 전〉
법무부 · 대한변호사협회 · 행정자치부가 시행하고 있는 마을변호사 제도는 읍 · 면 지역 주민의 법률복지 향상을 위해 지난 2013년 6월 5일 도입한 제도다. 이 제도는 재능기부를 희망하는 변호사들이 마을 주민들을 대상으로 전화, 팩스, 이메일 등으로 무료법률 상담 서비스를 제공하여 법률사각지대 해결에 크게 기여하고 있다.

〈수정 후〉

법무부 · 대한변호사협회 · 행정자치부는 지난 2013년 6월 5일부터 읍 · 면 지역 주민의 법률복지 향상을 위해 마을변호사 제도를 시행하고 있다. 이 제도는 재능기부를 희망하는 변호사들이 마을 주민들을 대상으로 전화, 팩스, 이메일 등으로 무료법률 상담 서비스를 제공하여 법률사각지대 해결에 크게 기여하고 있다.

또 보도자료의 네 번째와 여섯 번째 문단의 주어가 애매모호하여 문장 앞에 주어를 표시했다.

〈수정 전〉

도입된 이후 전국 ~

어려운 법률 용어도 걱정할 ~

〈수정 후〉

마을변호사 제도는 도입된 이후 전국 ~

마을 주민은 어려운 법률 용어도 걱정할 ~

맞춤법 점검

맞춤법 점검은 인터넷 검사기를 활용하면 손쉽게 할 수 있다. 과거에 이 검사기 서비스가 없을 때는 일일이 사전을 찾아가면서 맞춤법을 수정하거나 직장 상사나 다른 사람이 교정을 봐주곤 했다.

참고로 필자가 사용하는 맞춤법 검사기는 부산대학교 인공지능연구실과 ㈜나라인포테크에서 제공하는 맞춤법 검사기다. 이 검사기는 최초의 한글 맞춤법 검사기로 사용법이 쉽고 세밀하게 오탈자를 수정해 준다. 하지만 맞춤법 검사기로 수정하기 전에 이왕이면 보도자료를 제대로 작성하는 것이 우선이다. 우리가 보도자료 작성 시 자주 틀리는 표기를 다음과 같이 정리했다.

① 기관이나 기업명을 쓸 때는 괄호 안에 기관장이나 대표자 이름을 쓴다. 만약 기관명이 길어 줄여 사용한다면 보도자료에서 처음 나올 때는 정식 명칭을 쓰고 '이하 ○○○'이라고 줄인 명칭을 알려 주어야 한다. 또 인터넷 노출을 고려해 홈페이지 주소를 병기하기도 한다. 예를 들어, 문화체육관광부(장관 ○○○, 이하 문체부), 환경부(장관 ○○○), 충남개발공사(사장 ○○○), 성남시(시장 ○○○), 전라북도문화관광재단(대표이사 ○○

ㅇ, www.jbct.or.kr) 등이다.

② 사람 이름은 사람 이름 뒤에 한 칸 띄고 호칭으로 쓰이는 의존명사 '씨', '군', '양'을 쓰고, 주소를 병기하기도 한다. 예를 들어, 김영식 씨(38, 경기도 성남시 분당구), 이명동 군(17, 서울특별시 은평구 역촌동), 박보람 양(15, 전라남도 목포시 산정동) 등이다.

③ 외국인은 현지음을 쓰고 영문이나 한자를 병기한다. 예를 들어, 우사인 볼트(Usain Bolt), 시진핑(習近平) 등이다.

④ 국명은 한글표기를 원칙으로 한다. 예를 들어, 잉글랜드, 우크라이나, 자메이카 등이다.

⑤ 국제기구는 국제단체는 한글과 영문을 병기한다. 예를 들어, 자유무역협정(FTA), 세계무역기구(WTO) 등이다.

⑥ 숫자는 1만 단위마다 '만, 억, 조' 등의 단위로 끊어서 한글 단위를 함께 쓴다. 예를 들어 '15,000명'은 '1만 5000명', '782,500,000원'은 '7억 8250만 원'으로 쓴다. '만, 억, 조' 단위 안에서는 쉼표(,)를 쓰지 않는다. 다만, 그

래프, 도표, 통계 수치 등 숫자만 있는 경우에는 숫자를 그대로 사용하며, 세 자리마다 쉼표를 찍어 '15,000', '782,500,000'처럼 표기한다. 다만, 구체적인 내용은 언론사별 편집 기준에 따라 약간의 차이가 있다.

⑦ 분수 '1/5'은 '5분의 1'로 표기한다.

⑧ 외국화폐는 한글 표기와 한화 환산치를 표기한다. 예를 들어, '250달러(약 33만 원)'로 표기한다.

⑨ 날짜와 시각 표기는 표기 상황에 따라 몇 가지 방법이 있다. 예를 들면 다음과 같다.

예제 1. 행사는 2025년 8월 26일(화) 오전 9시부터 9월 5일(금) 오후 5시까지다.

'예제 1'과 같이 날짜와 시각 표기는 '연', '월', '일' 뒤에 띄어 쓴다. '일' 뒤에 '요일'을 쓸 경우 '( )'를 사용하고 붙인다. 하루는 24시간제가 아닌 오전, 낮, 오후, 저녁, 밤 등으로 구분해 표기하는데, 일반적으로 오전은 0~12시, 낮은 12~13시, 오후는 13~18시, 저녁은 18~21시, 밤은 21~24시를 말한다.

하지만 '예제 2'와 같이 '연', '월', '일' 뒤에 마침표(.)를 찍고 띄고, 부호(~) 앞뒤로 띄고 오전, 오후 대신 24시간제로 쓰기도 한다.

예제 2. 행사 기간(2025. 8. 26. 09:00 ~ 9. 5. 17:00)에는 매일 열립니다.

⑩ 기업이나 기관 이름 등 고유명사는 맞춤법이 틀려도 그대로 쓴다. 또 띄어쓰기 없이 표기한다. 예를 들어, 기업 이름인 '2001아울렛'에서 '아울렛'의 외래어 표기는 '아웃렛'이지만 그대로 아울렛으로 쓰고, 기관 이름인 '경기도 인재개발원'은 '경기도'와 '인재개발원'을 띄지 않고 '경기도인재개발원'으로 표기한다. '오뚜기', '쌍용'도 맞춤법 표기는 '오뚝이', '쌍룡'이다.

⑪ 한자어, 영어 등 외국어보다 우리말을 우선 사용한다. 예를 들어, '개최한', '표명해야', '금년', '금일', '동 행사', '증가했다', '제고하다', '지양하다', '단축됐다', 'MOU', '인천AG'는 '연', '밝혀야', '올해', '오늘', '이 행사', '늘었다', '높이다', '하지 않다', '줄었다', '양해각서/업무협약(MOU)', '인천아시안게임'으로 표기한다.

⑫ 중복되는 겹말은 피한다. 예를 들어, '짧은 기간 동안', '서울시 인구수', '옥상 위에', '3시 이후부터', '서울에서부터 평양까지'는 '짧은 동안', '서울시 인구', '옥상에', '3시 이후/3시부터', '서울에서 평양까지'로 표기한다.

이외에도 바른 표기법, 순화어(다듬은말) 등 우리말 맞춤법 관련 사항은 국립국어원 누리집(www.korean.go.kr)을 활용하면 좋다.

실습 9. 최종 작성한 마을변호사 제도 보도자료를 맞춤법 검사기를 점검해 보면 다음과 같다.

그림 4-1. 맞춤법 점검 실습

'마을변호사 제도' 본문
마을변호사 제도로 법률 울렁증 해소하세요~ • 3,400여 곳의 읍·면·동 마을 주민 누구나 활용할 수 있어 • 전화 한 통이면 무료로 상담 가능해 • 어려운 법률용어도 걱정할 필요 없어
마을 주민 A 씨는 자신의 농로에 진입하는 유일한 길이 이웃 주

민 B 씨의 토지 위에 있는데, 이웃 주민 B 씨가 이 길을 폐쇄하려고 하자 마을변호사에게 상담을 요청하였다. 이에 마을변호사는 A 씨에게 주위토지통행권이라는 법적 권리가 있으니 B 씨에게 길을 폐쇄하지 못하도록 하되, 이웃 B 씨의 마음을 헤아려 적절한 보상을 할 것을 권유하였다.

법무부·대한변호사협회·행정자치부는 지난 2013년 6월 5일부터 읍·면 지역 주민의 법률복지 향상을 위해 마을변호사 제도를 시행하고 있다. 이 제도는 재능기부를 희망하는 변호사들이 마을 주민들을 대상으로 전화, 팩스, 이메일 등으로 무료법률 상담 서비스를 제공하여 법률사각지대 해결에 크게 기여하고 있다.

마을 주민이 살 일지 못하는 법률문제에 부닥쳤을 때 '마을변호사 제도'를 활용하면 손쉽게 무료 상담을 받을 수 있다. 그동안 변호사가 없는 법률서비스의 사각지대였던 시골 도서 등 오지에서도 법률상담을 받을 수 있는 제도가 마을변호사이다.

마을변호사 제도는 도입된 이후 전국 1,411개 읍·면·동에서 변호사가 배정되어 재능기부를 통해 주민들의 법률서비스 갈증을 해소하고 있다. 읍·면 사무소에 가면 마을변호사 연락처가 기재된 명함이 비치되어 있으며, 포털 사이트 네이버에서 마을변호사를 검색하면 자신이 있는 곳의 마을변호사를 쉽게 찾을 수 있다.

또 전화, 팩스, 이메일 등을 통해 마을변호사로부터 손쉽게 무료 상담 받을 수 있다. 마을변호사가 직접 지역을 방문해 상담해주기도 하여 지역주민들로부터 호평을 받고 있다.

마을 주민은 어려운 법률 용어도 걱정할 필요가 없다. 마을변호사들은 주민과 상담 후 소송이 필요한 경우 대한법률구조공단과 연계하여 도움 주고 있다. 마을변호사 제도는 법을 몰라 억울한 손해를 입는 것을 예방하고 있다.

강화군 마을변호사 김변호 씨(43, 강화군 강화읍)는 "쉽고 가깝게 법률상담을 도와드리고 싶었다"라며 "마을변호사 제도가 실효성 있게 유지될 수 있도록 진심으로 노력하겠다"고 말했다. 또, 제주도에 사는 박마을 씨(65, 제주도 구좌읍)는 "보통 법에 관해 얘기하면 엄청난 중압감이 느껴지는데, 마을변호사가 법에 대한 울렁증을 해소해줘 정말 고맙다"고 했다.

맞춤법검사기로 수정한 내용은 다음과 같다.

① 'A씨는' → 'A 씨는', 'B씨의' → 'B 씨의'
이 경우는 '~씨'는 띄어 써야 한다. 즉, '김영식 씨', '이명동 군'으로 써야 한다.

② '토지상에'→ '토지 위에'
한자보다는 우리말 '위'를 쓰고 띄어 쓴다.

③ '피해를 입는' → '피해를 보는', '손해를 입는'

'피해를 보는' 또는 '손해를 입는'으로 쓴다. '피해'는 '해를 입음'을 뜻한다. 따라서 '손해'로 써야 한다.

④ ["~싶었다"며]→["싶었다"라며]

개정된 문장 부호 사용법(2014년 12월)에 따라 직접 인용일 때는 따옴표 뒤에 직접 인용 조사 '~라고 / ~라며 /~라는' 형태로 써야 한다.

⑤ '법에 대해 얘기하면' →'법에 관해 얘기하면'

'~에 관하다/대하다'는 영어 투 표현으로 쓰지 않는 것이 바람직하지만, 현실적으로 쓰지 않기는 어렵다.

⑥ '해소시켜줘' →'해소해줘'

'~하다'의 자리에 '~시키다'를 쓰면 좋지 않다. '~시키다'는 '남에게 어떤 일을 하게 하다'의 뜻으로 쓰지 않았다면 '~하다'를 써야 한다.

12
온라인 미디어 보도자료 전략과 활용하기

보도자료의 온라인 신문 활용

한국언론진흥재단 ≪2023 언론수용자 조사자료≫에 따르면, 기사를 종이 신문으로 접하는 독자는 10.2%에 불과하며, 그 외 독자는 PC나 모바일을 통해 인터넷으로 기사를 읽는다고 한다.

보도자료 전략도 이제 종이 신문 노출에만 머물러서는 안 된다. 온라인 시대에는 온라인 신문을 적극적으로 활용해야 홍보 효과를 극대화할 수 있다. 온라인 환경에서의 보도자료 작성 전략은 다음과 같다.

작은 뉴스도 보도자료를 써라

종이 신문 중심의 보도 전략은 디지털 시대에 한계가 있다. 종이 신문 대상으로 보도자료를 배포할 때는 지면의 한계가 있어 '큰 뉴스'만 지면에 실릴 수 있었다.

하지만 지면의 한계가 없는 온라인 신문이라면 다르다. 그래서 '작은 뉴스'도 온라인 신문에 게재될 확률이 높아져서 작은 뉴스도 보도자료로 작성하고 배포할 수 있게 되었다. 소규모 행사, 민원 개선 사례, 시민 인터뷰 등도 콘텐츠로 재가공해 보도자료로 활용할 수 있다.

사진은 기본, 동영상도 전달하라

또, 온라인 미디어라는 사실을 고려하면 텍스트뿐만 아니라 사진이나 이미지는 기본이고, 동영상 콘텐츠를 제작하면 전달력이 더 높아진다.

보도자료에 동영상을 첨부하면, 세 가지 효과가 있다.

첫째, 기자의 이해를 돕는다. 예를 들어 정책 설명을 동영상으로 만들어 첨부하면, 기자가 정책을 좀 더 쉽게 이해할 수 있다.

둘째, 영상 자료를 기사와 함께 게재할 수 있다. 이는 온라인 기사 콘텐츠이기에 가능한 장점이다.

셋째, 추가 기사를 유도할 수 있다. 기자가 추후 관련 기사를 쓸 때 해당 영상을 참고 자료로 활용할 수 있기 때문이다.

온라인 검색과 링크를 활용하라

온라인 미디어 시대의 보도자료는 단순히 내용을 전달하

는 것을 넘어, 이용자가 검색해서 찾을 수 있고, 또 행동하도록 유도해야 한다.

이용자의 검색에 대비해 검색 키워드를 적절히 삽입하고, 관련 웹사이트나 신청 페이지 링크를 함께 제공하는 것이 중요하다. 예를 들어 "청년내일저축계좌 신청 시작"이라는 보도자료라면, 제목과 본문에 '청년', '저축계좌', '신청 방법' 같은 검색어를 자연스럽게 넣고, 하단에는 정책 소개 페이지 링크를 배치한다. 이런 방식은 이용자가 포털이나 SNS에서 관련 키워드를 검색할 때 해당 콘텐츠가 노출될 가능성을 높이고, 클릭을 통해 기관의 온드미디어(Owned Media)나 서비스 페이지로 유입을 유도한다. 결과적으로 보도자료는 정보 전달을 넘어 검색 최적화(SEO)와 행동 유도(CTA)를 모두 고려한 콘텐츠가 되어야 한다.

독립 콘텐츠로 보도자료 활용

이제 보도자료는 정책 인쇄물이나 정책 동영상처럼 독립된 콘텐츠로 봐야 한다. 종이 신문 시대에는 보도자료가 언론에 기사화되지 못하면 무의미했지만 이제는 기관이 직접 운영하는 온드미디어가 있다. 온드미디어 환경에서 보도자료 활용 전략은 다음과 같다.

보도자료를 온드미디어와 연계하라

보도자료는 더 이상 기자에게만 보내는 문서가 아니다. 기관 홈페이지와 블로그, SNS 등 온드미디어에 보도자료 전용 코너를 운영하면 누구나 접근할 수 있는 정보 플랫폼으로 활용할 수 있다. 별도의 뉴스룸 웹사이트를 만들거나, 정부부처나 공공기관 홈페이지에 '보도자료' 메뉴를 따로 구성하고, 각 보도자료에 관련 사진, 카드뉴스, 유튜브 영상 등을 링크로 연계하면 콘텐츠의 활용도가 높아진다.

또한 블로그 포스팅이나 SNS 카드뉴스, 릴스 등으로 보도자료의 내용을 재가공해 배포하면 온라인 확산력이 커진다. 이때 해시태그, 링크, 타깃별 메시지를 함께 고려해 배포 전략을 세우는 것이 중요하다. 보도자료는 단지 공지용 문서가 아니라 기관의 브랜드를 구축하고 온라인 유입을 이끄는 핵심 자산이 될 수 있다.

보도된 보도자료는 재확산하라

보도자료가 언론에 보도되었다고 해서 그것으로 끝이 아니다. 이제는 그 기사를 기관의 블로그와 소셜미디어로 재확산하는 작업이 필요하다. 보도자료가 기사화됐다는 것은 이미 언론이 뉴스 가치를 인정했다는 의미이므로 기관의 신뢰도와 콘텐츠 권위를 높일 수 있는 좋은 기회다.

예를 들어, 환경부가 '생활 속 탄소 중립 실천 캠페인'을 진행하고 이를 보도자료로 배포해 주요 일간지에 보도되었다고 하자. 이때 환경부는 해당 기사 링크를 블로그에 소개하면서 기사에 나오지 않은 비하인드 사진, 현장 스케치, 인터뷰 영상 등을 함께 올려 독자에게 더 풍부한 정보를 제공할 수 있다. 동시에 인스타그램, 페이스북, X(구 트위터) 등 SNS 채널에서는 주요 문장이나 사진을 카드뉴스로 재구성해 게시하고, 기사 링크도 함께 달아 확산 효과를 높일 수 있다.

이러한 재확산은 단순한 반복이 아닌 콘텐츠 재활용이며, 기관의 온라인 존재감을 강화하는 전략이다. 신문기사 하나가 블로그 콘텐츠로, SNS 카드뉴스로 재가공되면 더 많은 시민과 이용자에게 도달하고, 정책 메시지도 자연스럽게 확산된다.

5부
보도설명 · 해명자료와 스토리텔링 보도자료

13
보도설명 · 해명자료 작성하기

보도설명 · 해명자료

보도설명 · 해명자료는 언론보도가 명백한 사실의 착오가 있어 사실 해석에서 오해의 소지가 있을 때 대응하는 방법의 하나다.

보도설명 · 해명자료를 배포함으로써 오보가 다른 언론사의 보도로 확산하지 않도록 방지할 수 있다.

언론보도의 사실관계 오류가 명백할 때는 언론은 기사를 수정하는 등 조치에 나서게 된다. 명백한 오보가 아니더라도 해석에 논란이 있을 때도 보도설명 · 해명자료를 작성하여 문제의 확산을 방지하거나 늦출 수 있다.

다만, 보도설명 · 해명자료 배포로 오히려 역효과가 예상될 경우에는 신중한 판단이 필요하다. 보도설명 · 해명자료를 전체 언론을 대상으로 배포하게 되면 이를 알지 못했던 언론들도 부정적 보도를 하도록 유도하는 결과를 낳게 될 수 있다. 따라서 해당 사안이 얼마나 파급력이 있는지를 먼저 모니터링하고, 확산 가능성이 없는 경우에는 해당 언론에만 보도설명·해명자료를 보내는 것이 바람직할 수 있다.

보도설명·해명자료를 작성할 경우에는 우선 사안의 성격을 판단할 필요가 있다. 명백한 오보, 그리고 특정 사실을 왜곡 및 과장하는 보도로 크게 분류될 수 있다.

우선, 명백한 오보인 경우 다른 언론으로 확산이 예상되면 즉시 보도설명·해명자료를 작성하여 전체 언론을 대상으로 배포한다. 이후 오보를 한 해당 언론에 대해 정정보도를 요구하고, 이것이 받아들여지지 않으면 언론중재위에 조정 신청을 할 수 있다. 더 강력한 대응이 필요하면 법원에 민사상 손해배상소송을 제기할 수도 있다.

둘째, 왜곡 및 과장보도의 경우에는 통계 등 근거자료를 제시하며 사실관계를 설명한다. 이와 함께 현재 제도를 설명하고, 미흡한 부분이 있다면 향후 제도개선 계획도 함께 제시함으로써 적극적인 문제 해결 의지를 국민들에게 보여줄 수 있다.

보도설명·해명자료를 쓸 때는 제목, 언론보도 요지, 보도 반박의 구성, 언론보도에 대한 당부의 구성을 염두에 두면 된다.

첫째, 제목에는 기사의 제목 대신에 기관에서 전달하려

는 핵심 메시지를 담는다.

이는 설명 · 해명자료를 배포하면 포털 사이트에 게재되고, 이 경우 잘못된 기사의 제목보다는 기관의 주장을 제목으로 표시되는 것이 바람직하기 때문이다.

둘째, 본문의 첫 번째 단락에는 보도의 핵심내용을 요약한다. 이를테면 "2025년 ○월 ○일 자 ○○신문은 '○○○○' 제하 기사에서 ○○○○의 내용으로 보도하였음"이라고 작성한다. 보도 요지는 너무 길지 않도록 한 문단 안에 핵심만 요약하는 것이 바람직하다.

셋째, 보도 핵심 내용 아래에는 언론보도에 대한 반박을 서술한다. 보도 핵심 내용의 각 부분에 대해 반박을 제시하면 된다.

사례. "법무부가 ○○에서 수사 중인 사실을 알면서도 강제출국을 진행했다는 보도는 사실과 다릅니다"(법무부, 2025. 6. 17.)

[보도요지] 지난 4월 ○○은 미등록 음주 뺑소니 몽골인을 적발, 출입국에 인계하였으나, 열흘도 안 돼 강제출국되어 피해자들이 보상을 받지 못하고, 이때 법무부는 수사 중인 사실을 알면서도 강제 출국을 진행해 기관 간 소통 부재로 피해자만 고통받았다고 보도함.

[보도에 대한 반박] (전략) 강제 퇴거 대상자가 수사를 받는 등 관련 절차가 진행되고 있는 경우 관련 구금 절차로 전환하는 등 수사기관과 협의를 하고 있으며, 이번 경우에도 담당 ○○○으로부터 사건이 종결되어 강제 퇴거되어도 무방하다는 내용을 확인 후에 강제 퇴거 집행하였음을 알려 드립니다.

정정보도 요구

보도설명·해명자료 배포와 별개로 명확한 사실관계의 오류가 있으면 정정보도를 언론사에 직접 요구할 수 있다.

정정보도 요구는 해당 기자, 담당 부장, 편집국장 등 앞으로 정정보도를 요구하는 기관의 공문을 등기, 이메일, 팩스 등으로 발송한다. 물론 이러한 조치 이전에 언론사가 기사 정정 등 적절한 조치에 나선다면 필요 없게 된다.

언론중재위원회 조정 및 중재 신청

오보를 낸 언론에서 정정보도를 거절할 경우에는 언론중재위원회에 피해회복을 위한 조치를 의뢰할 수 있다.

그림 5-1. 정정보도 요청문 사례

0 0 부

수신자 ㈜00신문사(편집국장, 사회부장, 000기자)
제목 정정보도 청구

1. 00신문 2025. 00. 00.자 "000000000000" 제하의 기사 관련입니다.

2. 00신문 기사는 "000000000000000000"라고 보도하였습니다.

3. 그러나 위 보도는 사실과 완전히 다릅니다. 00신문은 **00부 등 관련 기관에 어떠한 사실 확인 시도조차 없어** 위와 같이 허위 보도를 하였습니다.

4. 00부는 위 기사의 정정보도를 요청하는 바이니, 첨부된 정정보도문의 형식으로 오보의 경위를 밝히고 동 기사로 인한 파장을 충분히 해소할 수 있을 만큼 성의 있는 **정정보도를 게재**해 주시기를 바랍니다. 00부는 이와 같은 요구가 받아들여지지 않을 경우 가능한 모든 조치를 취할 수 있음을 밝힙니다.

붙임. 정정보도문

언론중재위에 정정보도 요청을 할 경우 아래와 같이 해당 기관이 요구하는 내용을 작성하여 제출하면 된다.

언론중재위원회의 조정 및 중재신청 내용은 언론중재위 홈페이지에서 아래와 같이 설명하고 있다.

정정보도청구

언론보도가 진실하지 아니한 경우 해당 언론사가 스스로 기사내용이 잘못되었음을 밝히는 정정기사를 게재(또는 방송)해 줄 것을 요구하는 권리다.

추후보도청구

언론에 의하여 범죄혐의가 있거나 형사상의 조치를 받았다고 보도된 이후 무죄판결 등 혐의가 없는 것으로 밝혀진 경우에는 해당 언론사에게 자신이 무죄라는 취지의 내용을 게재(또는 방송)해 줄 것을 요구하는 권리다.

반론보도청구

언론보도로 인하여 피해를 입은 사람이 언론보도 내용에 대한 자신의 입장을 보도해 달라고 요구하는 권리다.

배상청구

언론보도로 인하여 피해가 발생한 경우 피해에 대한 금전적인 배상을 요구하는 권리다.

이런 구제 절차의 신청 기간은 정해져 있다. 정정 · 반론 · 손해배상 청구는 보도된 것을 안 날로부터 3개월 이내(단, 보도일로부터 6개월 이내). 추후 보도청구는 사건이 무혐의 또는 무죄로 종결된 사실을 안 날로부터 3개월 이내(무혐의나 무죄로 행사절차가 종결되었음을 입증할 수 있는 서류를 제출). 언론사에 직접 반론보도나 정정보도, 추후 보도를 청구한 경우에는 언론사와 협의가 불성립된 날로부터 14일 이내 언론중재위의 조정과 중재를 해당 언론에서 받아들이지 않을 때에는 민사소송으로 진행할 수 있다.

14
스토리텔링형 보도자료 작성하기

> 전남 M 마을에서 수십 년을 살아온 A 씨는 어느 날 지자체로부터 토지 측량 결과 마을 토지의 지적기준점이 1.5m 이동하였기 때문에 경계 불일치로 땅 면적이 줄어들게 되었다는 소식을 듣고 고민하던 중 마을변호사에게 전화를 걸어 도움을 구했다. 사정을 들은 마을변호사는 「측량 · 수로조사 및 지적에 관한 법률」에 따라 지자체에 '지적기준점' 정정신청 절차가 있고, 지방지적위원회에 지적측량이 잘못되었다는 이유로 다시 '지적측량적부심사'를 신청할 수 있으며, '지적공부등록사항정정'을 신청할 수 있다고 자세히 절차를 알려 주었다.

법무부가 보도자료에 실은 '하루아침에 내 땅이 사라졌어요!'란 제목의 마을변호사 제도 스토리다. 법무부는 마을변호사 제도를 이용한 수혜자 스토리를 통해서 정책의 가치를 쉽게 전달하고 있다. 보도자료에서 스토리를 활용하기 위해서는 정책 수혜자의 사례, 에피소드, 미담 등을 발굴해서 스토리텔링하면 된다. 보도자료에 스토리텔링 활용 방법과 작성 방법에 대해 알아보자.

사례 1. "해병대 사위의 특별한 선물"(대한민국해병대, 2007. 12. 6)

해병대는 소속 장병의 간 이식 선행을 보도자료로 작성함으로써 따뜻하고 친근한 해병대의 이미지를 구축하는 효과를 얻었다.

간 질환으로 투병 중인 장인을 위해 자신의 간을 이식한 해병대원의 사연이 쌀쌀한 병영에 훈훈한 감동을 주고 있다고 하면서 아래와 같이 소개하고 있다.

주인공은 해병대 2사단 이철용 상병(23세, 병 1,021기)과 장인 명상영(44세) 씨. 명 씨가 몸에 이상을 느끼고 병원에 정밀 진단을 받게 된 것은 지난 10월. 지병인 간 경화로 인해 급속히 간 기능이 상실되면서 의료진으로부터 '생체 간 이식 수술 외에는 방법이 없다.'는 진단을 받게 되었다. 갑작스러운 장인의 건강 악화 소식과 함께 배우자의 가족은 혈액형 불일치, 연령 제한 등의 사유로 이식이 어렵다는 것을 판단한 이 상병은 신속히 간 조직 검사를 받았으며, 다행히 '적합' 판정을 받았다. 이후 부대 측의 배려로 휴가를 통해 수술 일정을 정한 후, 지난 11월 30일 서울 아산병원에서 17시간에 걸친 대수술 끝에 자신의 우측 간의 대부분(60%)을 이식하는 성공적인 간이식 수술을 실시했고, 현재 빠른 속도로 회복 중이다. 지난 2006년 5월, 해병대에 입대한 이 상병은 밝고, 성실한 복무 자세로 부대에서도 '모범 해병'으로 소문이 날 정도로 선 · 후임 간의 관계가 돈독할 뿐만 아니라 최근 아내 명수진 씨(23세)와 화목한 가정을 꾸린 가장이기도 하다.

이 상병은 "가족과 국가를 동시에 지키는 건강한 해병대 가장으로서 당연히 해야 할 일이다"며 "2007년이 가기 전에 사랑하는 딸을 주신 또 한 분의 아버지인 장인어른께 효도할 수 있게 되어 기쁘다"고 말했다.

사례 2. "올해 최고의 지방규제혁신 우수사례는?"(행정안전부, 2024. 9. 23.)

행정안전부는 자치단체의 대표적인 혁신사례를 선정하는 경진대회를 개최하고 있다. 현장에서 느끼는 구체적인 혁신의 필요성과 사례를 예시로 들어서 스토리텔링을 하고 있다. 이와 유사한 형식의 우수 사례 경진대회에 대한 보도자료를 작성할 경우 이러한 형식으로 작성하는 것을 고려해 볼 필요가 있다.

강원특별자치도는 국내 약 2억 톤, 도내 즉시 활용 가능한 1,913톤에 이르는 석탄 경석의 폐기물 규제를 개선했다. 기존 석탄 경석은 환경부의 폐기물 규제를 받아 자원으로 활용이 어려웠으나, 강원도와 행안부, 환경부가 논의한 결과 환경부가 훈령을 제정해 산업적 활용이 가능해졌다.

보도자료에 스토리텔링 활용 방법

보도자료 목적은 메시지를 전달하는 것이다. 메시지를 가장 쉽게 전달하기 위한 방법은 스토리텔링이다. 정책에 스토리를 입혀 전달하면 쉽게 이해하고 쉽게 기억할 수 있기 때문이다.

그럼 보도자료에 스토리를 담을 수 없을까? 필자는 이 해법을 스토리의 3요소인 '인물, 배경, 사건'을 활용해 다섯 가지 방법으로 정리했다. 보도자료 기본 구조의 맨 위에 있는 제목에 스토리를 담는 방법, 리드문에 쓰는 방법, 본문에 스토리를 입히는 방법을 살펴보자.

주제목에 구체적인 스토리 담기

보도자료 기본 구조 맨 위에는 신문기사의 헤드라인이라 할 수 있는 주제목이 있다. 헤드라인은 독자의 시선을 본문으로 유도하는 관문이 된다. 독자가 매력을 느껴야 본문을 열어보게 된다. 보도자료도 마찬가지다. 그런 면에서 스토리를 담은 제목이 유리하다.

스토리텔링은 머릿속에 구체적인 그림을 그리는 작업이다. 추상적인 표현보다 인물이나 사건을 구체적으로 표현하는 형태가 바로 스토리텔링형 제목이다. 예를 들어, "휜한데 집에 가려니… 퇴근길 호텔서 한잔?"≪중앙일보≫, "자율차 아이오닉, 광화문 질주… 체험 초등생 '아빠보다 운전 잘해'"≪동아일보≫이다.

사례. "고향사랑기부는 우리 고향이 최고!"(행정안전부, 2024. 9. 5.)
행정안전부는 고향사랑기부제 우수사례 경진대회 보도자료에서 "○○○ 수상작 발표"라고 하지 않고 스토리텔링 기법을 사용해 독자의 호기심을 유발하고 있다.

리드문에 탄생스토리나 고객스토리 담기

보도자료 본문에서 첫 문단은 리드문(lead)이다. 리드문은 독자들에게 전체를 쉽게 이해하고 관심을 일으키는 역할을 한다. 여기에는 크게 세 가지 브랜드스토리를 담을 수 있는데, 첫째는 정책, 상품, 서비스 등 탄생 스토리를 보여 주는 방법이 있다. 둘째는 시민, 이용자, 고객의 체험 스토리, 셋째는 어려운 서비스나 정책을 설명하기 위해 가상의 스토리를 제시하고 스토리에 따라 설명하는 것이다. 가상 스토리의 예로는, 소버린 AI 상용화에 앞서 AI 시대의 생활을 가상으로 보여 주는 방식을 들 수 있다.

> 사례 1. "온라인 중고차 매매 규제 빗장 푼다…청년 · 새싹기업 활성화 기대"(국토교통부)
>
> 국토교통부는 온라인으로 중고차 매매를 알선하는 업체에 부과되던 기존 법령상의 불필요한 규제를 대폭 완화한다고 밝혔다. 그간 온라인으로만 중고차 매매알선을 하는 사업자도 오프라인 매매업자와 동일하게 자동차 전시시설, 사무실 마련을 위해 불필요한 비용을 지출하거나 심지어 창업을 포기하는 사례가 발생하였다는 것이다. 온라인 매매를 위해 필요한 조건은 최소 서버용량 및 최소 이용계약 기간, 이용약관 마련, 이용자 불만접수창구 개설이라고 한다.

이 보도자료의 첫 문단은 아래와 같다.

"온라인으로 중고차 매매 사업을 시작하는 청년 및 새싹기업들에 대한 규제가 풀리면서 청년 · 새싹기업이 활성화되고, 나아가 중고차 시장 전반에 활력을 불어넣을 수 있을 것으로 기대된다."

위 리드문을 스토리텔링식으로 해 보면 어떻게 하면 될까. 아래처럼 온라인 중고업을 하는 청년의 실제 모습을 상상하여 묘사해 보면 생생하게 전달할 수 있을 것이다.

A씨는 온라인 자동차 중개매매를 하고 있다. 예전에는 자동차 전시시설과 사무실이 필요해 많은 자금이 필요했지만, 이제는 오프라인 매장과 당당히 고객 서비스 아이디어로 승부를 겨루면서 승승장구하고 있다.

A씨에게 필요한 것은 최소 서버용량 및 최소 이용계약 기간, 이용약관 마련, 이용자 불만접수창구를 개설하면 끝이기 때문이다. 이는 국토교통부가 온라인으로 중고차 매매를 알선하는 업체에 부과되던 기존 법령상의 불필요한 규제를 10월 25일부터 대폭 완화하면서 펼쳐질 미래이다.

본문 인용문에 고객 체험 스토리 담기

보도자료에서 인용문은 일종의 메신저 효과로 보도자료에 신뢰를 더할 수 있다. 그래서 보도자료 끄트머리에 인용문을 넣으면 기사화에 유리하다. 이때 인용을 누구에게 따는 게 좋을까? 당연히 신뢰를 주는 사람이 좋다. 가장 흔한 인용자가 관계자이지만 그보다는 보도자료에 담는 정책, 상품, 서비스를 체험한 시민, 이용자, 고객의 말이나 전문가의 한마디가 좋다.

> 사례 1. "행복을 바느질하는 비행단의 미소천사"(대한민국공군)
>
> 공군 소속의 군무원이 6년간 5000여 벌의 군복 무료 수선 봉사했다는 미담을 소개하면서 아래처럼 인터뷰 코멘트를 보도자료에 삽입했다.
>
> 행복한 군생활을 위한 13계명을 정해 매일 자신과의 약속을 지키기 위해 애쓴다는 권 씨는 '나의 작은 봉사가 아름다운 세상 만들기에 이바지할 수 있다면 그 자체로 기쁨이자 행복'이라고 말하고, '10년쯤 후에 미소를 주제로 사진집 출판과 전시회를 열고 싶다'며 특유의 환한 미소를 지어 보였다."

사례 2. "해병대 사위의 특별한 선물"(대한민국해병대)

해병대 이철용 상병, 간 질환으로 투병중인 장인에게 간 이식 수술했다는 자료에서 아래와 같이 인터뷰 내용을 삽입했다.

이 상병의 아버지 이화석(42세) 씨는 수술을 마친 이 상병에게 '조금도 망설이지 않고 가족을 위해 간 이식을 결정한 아들이 자랑스럽고 대견하다'면서 '앞으로도 멋진 아버지, 사랑받는 사위가 되길 바라며, 남은 군 생활 역시 잘 마무리했으면 좋겠다'라고 당부했다."

인물 스토리 만들기

앞에 세 가지 보도자료 스토리텔링 활용은 스트레이트기사 보도자료에 활용되며, 보도자료 전체 중 일부에 사용하는 방법이다. 반면 이번에는 보도자료 전체를 스토리로 꾸미는 방법이다. 이때는 홍보하려는 정책이나 서비스, 행사보다는 인물이나 인물과 관련된 사건에 초점을 두고 스토리를 끄집어내야 한다. "한남대 이덕훈 총장 뚜벅이 4년… 건강 · 아이디어 · 장학금 '1석3조'"(한국대학신문)이라는 제목의 기사는 총장전용차량을 이용하지 않고 모은 돈을 장학금으로 지급한 한남대 이덕훈 총장의 스토리는 전체 스토리텔링에 좋은 사례다.

또 앞서 소개한 봉사 미담 공군 군무원, 간 이식 해병대 장병 등이 이에 해당한다.

인터뷰 스토리텔링

신문을 활용한 홍보는 크게 스트레이트기사, 기획기사, 포토이벤트, 리서치 기사, 인터뷰 기사 등이 있다. 그중 인터뷰 기사는 그 자체가 스토리텔링형 기사가 된다. 천신만고 끝에 상품을 개발한 개발자 스토리, 정책 수혜자인 국민이나 시민의 정책 수혜 스토리, 브랜드에 얽힌 사연이 있는 고객의 브랜드 체험스토리가 있다. 인터뷰이 자체가 스토리의 주인공이 된다. 스토리를 만들 때, 중요한 점은 '갈등과 해결' 스토리 구조와 해결의 열쇠가 반드시 브랜드 메시지가 되어야 한다는 것이다.

역시 앞서 소개한 봉사 미담 공군 군무원, 간 이식 해병대 장병 등이 이에 해당한다.

스토리텔링형 보도자료 작성법

스토리를 담은 보도자료는 크게 두 가지다. 스트레이트기사 보도자료와 기획기사 보도자료다. 스트레이트기사 보도자료는 위에서 설명한 대로 보도자료 기본 구조에서 활용된다. 반면에 기획기사 보도자료는 보도자료 기본 구조와 다소 차이가 있다. 이러한 스토리텔링형 보도자료 작성법에 대해 정리하겠다.

역삼각형 구조에서 벗어나자

스토리텔링형 보도자료는 역삼각형 구조에서 벗어나 신문기사보다 훨씬 자유로운 잡지 기사처럼 작성해도 된다. 스트레이트기사 보도자료는 중요 메시지 우선으로 작성하는 역삼각형 구조지만 인물이나 사건의 스토리텔링이나 인터뷰를 통한 스토리텔링형 보도자료는 역삼각형 구조로 표현할 수 없기 때문이다. 중요한 메시지를 먼저 다루는 역삼각형 구조에서 벗어나 좀 더 자유롭게 써도 괜찮다.

부분 활용과 전체 활용 방법이 다르다

스토리텔링형 보도자료는 본문 리드문과 인용문 부분에 활용하는 방법과 전체 보도자료에 담는 방법이 있는데, 목적에 차이가 있다. 스토리를 리드문에 담을 때는 독자의 관심을 유도하거나 간단한 스토리를 통해 전반적인 내용을 쉽게 이해하도록 도울 수 있고 인용문으로 활용하면 인용 대상의 신뢰를 줄 수 있다.

반면에 보도자료 전체를 스토리텔링할 때는 주인공의 스토리에 감동을 담아 독자의 공감을 이끌어 내야 한다. 그래서 스토리에 구체적인 묘사가 중요하다.

사람에 초점을 두자

스토리텔링형 보도자료는 정책 내용보다 사람 중심으로 써야 한다. 원래 정책 보도자료는 사람보다는 정책 내용에 중심을 두는 경향이 있다. 하지만 스토리텔링형 보도자료는 사람에 중심을 두고 작성해야 한다. 정책 내용만을 설명하면 다소 지루하지만, 정책 수혜자나 잠재수혜자에 초점을 두고 취재하여 그 사례를 스토리로 만들면 훨씬 정책 내용을 전달하기 수월하다. 때로는 정책입안자 인터뷰도 스토리로 만들 수 있다. 작은 에피소드도 발굴하여 스토리로 만들 수 있다.

구체적으로 묘사하자

스토리텔링형 보도자료는 서술보다 묘사해야 한다. 즉, 설명이 아니고 재현해야 한다. 홍보에서 스토리텔링은 고객의 머릿속에 그림이 그려지게 하는 것이다. 정책 내용만을 설명하는 것은 머릿속에 남지 않는다. 구체적인 스토리가 기억에 오래 남는다. 인물을 끌어와 사건을 만들어 스토리로 재현하자. 그렇게 그려진 그림은 독자의 기억에 오랫동

안 남아 있게 될 것이다.

스토리에 정책 메시지를 담자

보도자료에 스토리를 입히는 목적은 메시지를 쉽게 전달하기 위해서다. 그래서 스토리 3요소인 인물, 배경, 사건을 활용하는 것이 스토리텔링이다. 인물은 정책 수혜자나 잠재 수혜자가 되고, 사건은 '갈등과 해결' 구조로 만들어 해결의 열쇠는 반드시 '메시지'가 되어야 한다. 예를 들어, '마을변호사 제도' 스토리를 만들 때, 주인공은 신용불량자가 된 청년의 갈등 상황과 이를 해결하는 메시지는 '마을변호사의 도움'이 되어야 한다. 즉, 인물은 '청년', 갈등 상황은 '신용불량', 해결의 열쇠는 '마을변호사 제도'다.

6부
AI를 활용한 보도자료 작성

15
PPD 3단계 프롬프트 작성하기

보도자료 작성은 정부부처나 공공기관의 중요한 홍보 활동이지만 전문적인 기술과 경험이 필요한 까다로운 작업이다. 누가 초안만 써 줘도 한시름 놓을 수 있는데, 이제는 챗GPT(ChatGPT), 제미나이(Gemini), 클로드(Claude), 클로바X(Clova X), 뤼튼(Wrtn) 같은 생성형 AI를 활용하면 꽤 괜찮은 보도자료 초안을 만들 수 있다.

보도자료 초안을 PPD 3단계로 작성해 보자. 먼저 플래닝(Planning)은 팀장처럼 기획하고, 둘째, 프롬프트(Prompt)는 챗GPT에 적절한 지시를 내리고, 셋째, 데스킹(Desking)은 데스크처럼 점검하는 단계다. 제대로 된 보도자료 초안을 작성하기 위해서는 무작정 생성형 AI에게 명령하는 게 아니라, 먼저 내가 기획하고, 생성형 AI가 제대로 작성하도록 유도하고, 최종적으로 내가 점검을 면밀하게 해야 한다. 이렇게 AI를 제대로 활용하면 보도자료의 양과 질을 훨씬 더 개선할 수 있다.

홍보팀장처럼 기획하고 설계하라

1단계 P인 플래닝에서는 홍보팀장처럼 큰 그림을 기획하고 설계하는 작업으로, 간단한 보도자료 기획서를 작성해 보자. 제대로 된 보도자료 초안 작성을 위해 AI에게 최소한의 정보를 제공해야 한다. 물론 정보를 제공하지 않아도 AI는 작성할 수 있지만, 그 내용은 우리가 원하는 방향이 아닐 수 있다. 그래서 최소한의 보도자료 방향을 제공해야 한다. 이것이 바로 보도자료 기획이다.

앞에서 사용한 '마을변호사 제도'를 예시로 보도자료 기획서를 작성하면 아래와 같다.

보도자료 아이템

- 마을변호사 제도

보도자료 목적

- 마을변호사 제도를 이용자에게 잘 알려 이용자들이 정책을 이해하고 수용하도록 함.
- 마을변호사 제도 정책 이용자와 참여자를 확대하고 인식을 개선함.

타깃

- 1차 타깃. 정책 이용자: 법률복지 사각지대에 있는, 변호사가 없는 무변촌 마을 주민으로 전국 3,400여 곳의 읍 · 면 · 동 마을 주민.
- 2차 타깃. 정책 참여자: 제도에 참여한 변호사, 아직 참여하지 않은 잠재 변호사, 법무부, 행정안전부, 각 지자체 공무원.

메시지 우선순위

1. 마을변호사 제도는 누구나 활용할 수 있다.
2. 마을변호사 제도는 무료다.
3. 마을변호사 제도는 쉽게 설명해 드린다.
4. 마을변호사 제도는 간단한 절차로 이용할 수 있다.

실무자처럼 질문하고 또 질문하라

2단계 P는 프롬프트다. 이때는 프롬프트를 잘 써야 한다. 프롬프트의 기본은 현문현답(賢問賢答), 즉 잘 지시해야 잘 대답한다. 팀장의 의도를 팀원에게 명확하게 전달해야 한다. 이때 팀장의 업무 지시는 모르는 것을 묻는 질문이 아니라, 업무 방향을 정확히 잡아 명령하는 것이다. 이를 위해 몇 가지 팁을 소개하겠다.

첫째, 사용자의 의도와 역할을 알려 주자. 사용자의 직업, 작업 배경을 미리 알려 주자. 또 AI에게 역할을 정해 주자. 예를 들어, '너는 법무부에서 언론홍보를 담당하는 6년 차 홍보담당자야' 또는 '너는 경기도 정책 기사를 작성하는 5년 차 출입기자야' 식으로 AI에게 역할을 부여하자.

둘째, 배경 정보를 제공하자. 보도자료를 쓰는 정책의 배경, 보도자료를 작성하는 이유와 목적을 AI에게 알려 주자.

셋째, 구체적이고 명확하게 지시하자. 정확한 주제를 알려 주고, 보도자료 소재 관련 정보를 전달하자. 프롬프트에 작성해도 되고, 자료를 업로드해도 된다.

넷째, 출력 형태를 알려 주자. 출력 문서의 구조, 문체, 스타일, 분량, 양식, 사례 등을 제시하면 AI가 좀 더 이해하기 쉽다.

다섯째, 피드백 대화를 하자. 즉, 후속 질문으로 꼬리에 꼬리를 물고 묻는 대화법으로 현답을 만들어 가자.

이제 챗GPT에 요청을 해 보자. 플래닝에서 만든 기획서를 정리해 프롬프트로 작성하면 아래와 같다.

#페르소나

나는 법무부에서 시행 중인 마을변호사 제도 보도자료를

쓰려고 해. 너는 법무부 정책 기사를 작성하는 5년 차 출입 기자야. 아래 내용을 도출 과정에 따라 출력 형식으로 작성해 줘. 조건을 반드시 지켜 줘.

#보도자료 내용
##보도자료 아이템: 마을변호사 제도, 제도의 필요성
##보도자료 작성 목적
1. 마을변호사 제도를 이용자에게 알리고, 정책을 이해하고 수용하도록 함
2. 정책 참여자를 확대하고 인식을 개선함
##타깃
- 1차 타깃. 정책 이용자: 법률복지 사각지대에 있는 무변촌 마을 주민으로 전국 3,400여 곳의 읍 · 면 · 동 마을 주민
- 2차 타깃. 정책 참여자: 제도에 참여한 변호사, 아직 참여하지 않은 잠재 변호사, 법무부, 행정안전부, 각 지자체 공무원
##메시지 우선순위
1. 마을변호사 제도는 무료다
2. 마을변호사 제도는 누구나 활용할 수 있다
3. 마을변호사 제도는 쉽게 설명해 드린다
4. 마을변호사 제도는 간단한 절차로 이용할 수 있다.

#도출 과정

1. 보도자료 구성은 제목, 부제목, 리드문, 본문, 인용문으로 구성해 줘.
2. 메시지 1을 제목으로 만들고, 메시지 2, 3 ,4를 3개의 부제목으로 만들어 줘.
3. 제목은 메시지를 신문기사 제목처럼 만들어 줘.
4. 리드문은 전체를 요약해서 1개 문단으로 써 줘.
5. 인용문은 언론홍보담당관이 "마을변호사 제도로 변호사 혜택을 받지 못하는 많은 국민이 골고루 변호사 혜택을 받아 어려운 일을 해결하기를 바란다"는 내용으로 정리해 줘.

#출력 형식

- 제목:
- 부제목 3개:
- 리드문:
- 본문:
- 인용문:

#조건

- 모든 문장은 반드시 '한다', '했다', '이다', '됐다', '었다'로 끝내 줘.

챗GPT에게 이렇게 요청하면, 보도자료 초안을 작성해 준다. 하지만 챗GPT의 첫 출력물이 처음부터 마음에 들지 않을 수 있다. 여기서부터 프롬프트 기술이 중요하다. 구체적인 질문과 명령을 계속하며, 작업을 이어 나가야 한다. 우리가 앞에서 공부한 보도자료 기본 구조와 메시지를 활용해 제목, 부제목, 리드문, 본문, 인용문으로 구성하고, 본문은 주요 메시지를 1개씩 담은 문단을 만들었는지 확인하고 안 되었으면 다시 구체적으로 요청하자. 그리고 아래와 같이 요청하면, 초안이 어느 정도 완성된다.

"제목과 부제목은 신문기사처럼 독자가 관심을 갖도록 짓고, 문장은 구체적이고 생생한 기사 형식 문장으로 작성해 줘."

제목: 누구나 무료로 변호사 상담… "마을변호사 제도 아세요?"
부제목: 무변촌 주민, 이제 읍 · 면 · 동에서 법률 상담 받는다
"어려운 법, 쉽게 풀어 드려요" 주민 눈높이 맞춘 설명
전화 한 통이면 신청 끝… 신청 절차도 간단하다

전국 3,400여 개 읍 · 면 · 동에서 운영 중인 '마을변호사 제도'가 법률복지 사각지대에 놓인 주민들의 든든한 법률 길잡이로 자리 잡고 있다. 법무부가 주관하는 이 제도는 지역 주민 누구나 무료로 변호사에게 법률 상담을 받을 수 있어, 특히 변호사 접근이 어려운 무변촌 주민들에게 실질적인 도움을 주고 있다.

마을변호사 제도는 모든 상담이 '무료'라는 점에서 주목된다. 경제적인 이유로 법률 상담을 망설였던 주민들도 이제 비용 부담 없이 변호사와 직접 상담할 수 있어 제도 도입 이후 만족도와 이용률이 꾸준히 상승하고 있다.

누구나 이용할 수 있다는 것도 큰 장점이다. 주민등록 주소지만 해당 읍 · 면 · 동에 있다면 누구든지 신청 가능하며, 복잡한 자격 절차 없이 간편하게 법률 서비스를 받을 수 있다. 특히 고령층, 농촌 지역 주민 등 기존에 법률 상담이 어려웠던 계층에서 높은 호응을 얻고 있다.

마을변호사는 법률 지식을 일방적으로 전달하지 않는다. 복잡한 용어나 판례 중심의 설명 대신, 실제 상황에 빗대어 쉬운 말로 풀어 설명하며 주민들이 충분히 이해하고 해결 방향을 스스로 판단할 수 있도록 돕는다. "어려운 법을 알기 쉽게 풀어 주는 역할"이라는 현장 반응도 이어지고 있다.

신청 방법도 간단하다. 가까운 읍 · 면 · 동 주민센터에 문의하거나 게시판에 안내된 마을변호사 연락처로 전화하면 상담 일정을 잡을 수 있다. 일부 지역은 정기적인 상담일이 정해져 있어 매달 정해진 날에 직접 찾아가는 것도 가능하다.

법무부 언론홍보담당관은 "마을변호사 제도로 변호사 혜택을 받지 못하는 많은 국민이 골고루 변호사 혜택을 받아 어려운 일을 해결하기를 바란다"고 말했다.

데스크처럼 점검하고 편집하라

이런 과정을 거치면 보도자료 초안이 어느 정도 완성된다. 보도자료 초안이 완성되면, 3단계 D인 데스킹을 하자. 챗GPT가 작성한 보도자료를 최종적으로 검토하고 수정하고 보완하는 과정이다. 4부에서 보도자료 점검에 관해 공부했지만, 여기서는 AI를 활용해 보도자료를 점검하는 방법을 알아보겠다.

AI를 활용해 최종 점검하는 방법은 효율성과 정확성을

동시에 높일 수 있는 유용한 방식이다. 이를 잘 활용하려면 단순히 AI에게 "검토해 줘", "윤문해 줘"라고 말하는 것에 그치지 않고, 전략적인 접근이 필요하다.

첫째, AI에게 스스로 점검 요청을 한다. 이때 전체 문장을 한꺼번에 점검해 달라고 할 수 있다. 예를 들어, "아래 보도자료 피드백을 줘. 내용, 구조, 표현, 문장, 맞춤법을 검토해 줘"라고 요청하자.

또, 제목이나 리드문, 인용문 등 부분별로 나눠서 점검을 요청할 수도 있다. 특히 중요한 부분은 따로 떼어 요청하는 것이 더 정밀한 피드백을 받을 수 있는 방법이다. 예를 들어, "제목을 국민이 관심을 갖고 기사를 클릭할 수 있게 신문기사 제목처럼 다시 작성해 줘. 5개 만들어 줘"라고 요청해 보자. 아래처럼 답변한다.

"읍 · 면 · 동마다 무료 변호사 생긴다… 몰라서 못 쓰는 '마을변호사 제도'"
"'돈 없어도 변호사 상담 OK'… 무변촌 주민 위한 무료 법률서비스"
"변호사 없이 법 고민? 이젠 마을에서 무료 상담 받으세요"
"공짜라고요? 쉽게 신청하고 바로 상담… 마을변호사 제도 확대"

"복잡한 법률문제, 마을에서 푼다… 전국 3,400여 곳 '무료 변호사 연결망'"

둘째, AI가 어떤 부분을 피드백했는지 정확히 파악한다. 예를 들어 "문장이 길다"거나 "독자의 관심을 끌기에 약하다"는 평가가 나왔다면, 해당 지적이 실제로 적절한지 꼼꼼히 살펴보자.

셋째, 피드백 내용을 확인한 후, 다시 AI에게 "이 지적을 반영해 다시 써 줘"라고 요청하며 수정 작업을 맡긴다. 이 과정을 반복하면서 보도자료의 완성도를 한층 높일 수 있다.

넷째, 다른 생성형 AI를 활용해 크로스 체크한다. 하나의 AI만 쓰면 그 도구의 관점에만 갇힐 수 있기 때문이다. 챗GPT 외에도 클로드, 제미나이, 클로바X, 뤼튼 등을 통해 다각도로 확인하면 내용의 신뢰도와 품질을 더 높일 수 있다.

다섯째, 사람의 눈으로 반드시 최종 점검을 한다. AI가 놓칠 수 있는 표현의 뉘앙스, 기관 특유의 문체, 팩트, 주요 숫자 등은 사람만이 정확히 판단할 수 있다. 따라서 AI가 제안한 결과를 맹신하지 말고, 실제 담당자가 문맥과 상황을 종합적으로 판단해 최종 판단을 내리는 것이 중요하다.

16
보도자료 AI와 AEO 활용하기

GPT 챗봇 활용 방법

‘나만의 GPT’를 만들어 활용하라

생성형 AI를 활용하면, 보도자료 초안을 좀 더 신속하고 쉽게 쓸 수 있게 되었다. 특히 챗GPT의 ‘나만의 GPT 만들기(GPTs)’, 즉 GPT 챗봇 기능은 단순한 질문-응답을 넘어, 사용 목적에 맞는 ‘맞춤형 AI 도우미’를 만들 수 있는 도구다.

한마디로 자주 가는 길을 미리 닦아 놓는 거다. 그것이 ‘나만의 GPT’고, 이를 모아 둔 곳이 GPTs다. 또 내가 GPT를 만들어 공개할 수도 있다.

여기서는 ‘나만의 GPT’ GPT 챗봇을 만드는 방법을 소개한다. GPT 챗봇은 복잡한 코딩 없이 누구나 직관적으로 만들 수 있다.

먼저, 챗GPT Plus 계정에 로그인한 후, GPT 탐색 메뉴에서 ‘GPT 만들기’를 선택하면 된다.

둘째, GPT 챗봇 이름을 짓고 설명을 하자. 예를 들어 '서울시청 보도자료 작성 챗봇 AI', '환경부 보도자료 작성봇' 등으로 짓고 간단한 설명을 하자.

셋째, '지침'을 작성하자. 사용자는 이 GPT 챗봇에 역할, 주제, 도출 과정, 출력 형태, 스타일, 말투 등을 설정할 수 있다. 예를 들어, '보도자료 작성 GPT 챗봇'을 만들고자 한다면, 다음과 같은 방식으로 설정할 수 있다.

"당신은 홍보 전문가입니다. 정부 정책, 지자체 행사, 공공서비스 보도자료를 작성하는 역할을 맡고 있으며, 제목, 부제목, 리드문, 본문, 인용문 구조를 갖춘 단정한 기사 스타일로 작성해 주세요."

물론, 이런 형태의 지시문을 좀 더 상세하게 프롬프트로 만들어 입력하자.

넷째, '대화 스타터'를 작성하자. '대화 스타터'는 보도자료를 작성하려는 챗봇 사용자가 처음에 시작할 질문을 예시로 미리 만들어 놓는 거다. 그러면, 사용자가 그 예시를 선택해서 대화를 선택하면 된다. 예를 들어, '보도자료 초안을 작성하고 싶어. 어떻게 하면 될까?', '보도자료 본문은 어떻게 구성해야 해?' 등이다.

다섯째, '지식'에 기관 소개서, 보도자료 작성 가이드,

보도자료 예시 파일 등을 첨부하자. GPT 챗봇은 해당 문서를 참조해 더 정교하게 결과물을 생성한다.

여섯째, 보도자료 작성을 테스트하고 수정하자. 먼저 일정 정도의 내용을 넣고 테스트를 출력한 후, 부족한 부분은 'Configure' 메뉴를 통해 다시 프롬프트를 추가하고 수정하며 보완해 나가자.

이렇게 만든 GPT 챗봇은 제작자뿐만 아니라 다른 사람도 사용할 수 있다. 팀에서 이 챗봇을 만들었다면, 팀원들과 공유해 팀 전체가 비슷한 구조와 톤으로 보도자료를 작성하도록 할 수 있다. 결과적으로 보도자료 품질은 균일해지고, 회의나 수정 시간을 줄일 수 있다.

전문가의 GPT를 활용하라

모든 사람이 GPT 챗봇을 직접 만들 필요는 없다. 이미 누군가가 만들어 놓은 괜찮은 GPT 챗봇을 찾아 활용하는 것도 전략이다. 특히 챗GPT의 'GPT 탐색' 메뉴에는 수천 개의 GPT가 공개되어 있다. 이는 특정 분야의 전문가들이 만들어 놓은 AI와도 같다. 활용 방법은 다음과 같다.

첫째, 챗GPT 사이드 메뉴에서 'GPT'나 'GPT 탐색하기'를 클릭하자.

둘째, GPT 검색창이 열리면 '보도자료', '정책홍보', '글쓰기', '블로그' 등 원하는 키워드를 검색한다. 그러면 수많은 전문가 GPT가 등장한다.

예를 들어 '보도자료'를 검색하면, 필자의 '홍보강사 김태욱의 보도자료 AI'가 검색된다. 이 챗봇은 필자가 이 책에서 설명한 보도자료 작성법을 기반으로 만들었다.

셋째, '대화 스타터'를 선택하자. 필자의 챗봇을 선택했다면, '대화 스타터' 중 하나를 클릭하면, 챗봇이 요청하는 사항이 나온다. 아래와 같다.

보도자료를 작성하시려면 아래 정보를 주시면 됩니다. 예를 들어드릴게요:

보도자료 아이템: 무엇에 대한 보도자료인지 알려주세요.

예) (생략)

주요 메시지 4개 (중요한 순서대로): 가장 전달하고 싶은 내용을 순서대로 4개 써주세요.

예) (생략)

인용구: 기관장이나 대표의 발언처럼 쓸 수 있는 문장

예) (생략)

홍보 배경: 이 정책이나 발표를 하게 된 이유, 계기

예) (생략)

기업/기관명, 대표자 성함

예) (생략)
이 다섯 가지를 알려 주시면, 신문기사처럼 완성된 보도자료 초안을 작성해 드릴게요!

위 요청 사항에 대해 답변을 주면, 챗봇은 친절하게 보도자료 초안을 작성해 준다.

제목: 마을변호사 제도, 누구나 무료로 이용할 수 있다
부제목: 법무부 마을변호사 제도, 비용 없이 법률 상담 가능
누구나, 언제든지 가까운 마을변호사를 통해 법률 지원
어려운 법률 문제도 쉽게 설명하고 해결까지 안내

마을변호사 제도는 국민 누구나 변호사의 법률 상담을 무료로 받을 수 있는 제도다. 법무부는 제도의 이용자 확대와 정책 이해도를 높이기 위해 마을변호사 제도에 대한 적극적인 홍보에 나섰다.
법무부가 운영하는 마을변호사 제도는 비용 부담 없이 법률 상담을 받을 수 있는 무료 제도다. 법률 지식이 부족하거나, 변호사 접근성이 떨어지는 지역의

주민들에게 특히 유용하다. 사전 예약이나 자격 심사 없이 누구나 쉽게 신청할 수 있다.

이 제도는 모든 국민을 대상으로 하며, 동주민센터나 구청 홈페이지 등에서 마을변호사를 확인하고 이용할 수 있다. 복잡한 법률문제에 대해 변호사가 이해하기 쉽게 설명하고 실질적인 해결 방안을 제시한다.

또한 마을변호사는 민사, 형사, 가사 등 다양한 분야의 문제에 대해 1:1 맞춤 상담을 제공한다. 특히 고령자나 외국인 등 법률 취약 계층에게 실질적인 도움이 되도록 제도가 설계돼 있다. 상담은 전화 또는 방문을 통해 가능하다.

"마을변호사 제도를 통해 변호사 혜택을 받지 못하는 많은 국민이 골고루 법률 지원을 받아 어려운 일을 해결하기를 바란다"고 ○○○ 법무부 언론홍보담당관은 밝혔다.

이러한 전문가 GPT는 이미 설정된 고품질 지시문을 그대로 쓸 수 있어 시간을 절약할 수 있고, 특정 목적에 최적화돼 있어 성능과 완성도가 높은 편이다. 또, 여러 GPT를 비교하면서 자신에게 맞는 스타일을 간편하게 테스트할 수 있다. 특히, 자신이 직접 GPT 챗봇을 만들기 전에 다양한 GPT를 사용해 보며 비교하는 것이 좋다. 잘 만들어진 GPT는 그 자체로 전문가의 글쓰기 노하우가 응축된 결과물이기 때문이다. 나에게 맞는 GPT 챗봇을 잘 골라 써도 보도자료 작성의 많은 부분은 이미 해결된 것이나 다름없다.

AEO 대비 보도자료 작성 전략

AEO(Answer Engine Optimization, 답변 엔진 최적화)란 AI 시대에 온라인 사용자의 질문에 챗GPT, 제미나이, 클로드 등 AI가 제대로 답변하도록 보도자료, 블로그 등 콘텐츠를 최적화하는 전략이다. 그래서 AI 시대에는 보도자료를 기자와 독자에게 정보 전달용으로만 작성해서는 안 된다. 이제 보도자료는 독자뿐만 아니라 AI가 이해하고 학습할 수 있도록 작성해야 한다.

AI 역시 보도자료를 보는 독자라고 볼 수 있다. 그런 이유로 보도자료는 더 명확하고 신뢰할 수 있는 데이터를 포함하고, 구조화된 형식을 통해 검색 엔진과 AI 시스템이 데이터를 효율적으로 처리할 수 있도록 구성해야 한다. AI 독자를 대비한 보도자료 작성 전략은 다음과 같다.

명확한 정보를 제공하라

보도자료는 짧고, 쉽고, 명확하게 써야 한다. 즉, 주어와 서술어가 한 개씩 있는 단문으로 간결하게 쓰고, 중학생도 이해하도록 쉽게 쓰고, 메시지가 명확하게 보이도록 써야 한다. 그래서 보도자료는 명확한 정보 제공에 초점을 맞춰야 한다.

이를 위해 두괄식 구조를 쓰자. 중요한 내용을 앞에 작성하고, 문장은 간결하게 정리하자. 그리고 주제목과 부제목에 강조할 메시지를 순서대로 담는 게 좋다. 예를 들어, 이번 정책의 메시지가 네 가지라면, 중요한 순서대로 우선순위를 잡아 주제목에 메시지 1을 담고, 메시지 2, 3, 4를 부제목에 담으면 된다.

구조화된 방식의 보도자료 구조를 사용하라

보도자료는 구조화된 방식으로 작성해야 한다. 주제목, 부제목뿐만 아니라 본문 단락도 전체를 이끄는 리드문, 메시지를 담은 단락, 인용문 등으로 구조화해야 한다.

또한 웹사이트에 게시하려면 보도자료가 워드 파일이라도 HTML로 변환해야 한다. HTML 게시가 가능하면, 스키마 마크업을 포함해 검색 엔진 최적화를 적용하면 좋다. 스키마 마크업을 사용하면, AI가 주요 정보를 빠르게 파악하고 학습할 수 있다. 제목, 작성 날짜, 주요 키워드 등을 스키마 형태로 제공하면 검색 엔진에서도 유리하게 작용한다.

독자 중심으로 작성하라

보도자료 내용은 독자인 인간 고객 관점으로 작성하면 좋다. 사용자 의도를 예측하고, 궁금해할 만한 질문에 답변하는 Q&A 형태로 내용을 구성하면 더욱더 효과적이다.

예를 들어, "○○정책은 어떤 혜택을 주나요?", "이전에 비해 어떤 점이 개선되었나요?"와 같은 질문에 답하는 형식으로 보도자료를 작성하면, AI와 인간 고객 모두에게 더 주목받을 수 있다.

신뢰 있는 데이터를 활용하라

보도자료에는 신뢰할 수 있는 데이터를 담자. 보도자료에 공식 통계나 시장 조사 데이터를 활용하면, AI가 해당 정보를 신뢰성 있는 데이터로 학습할 확률이 높다.

예를 들어, '국민이 ○○정책에 관심이 높아졌다'보다는 '○○정책은 지난 6월에 비해 인지도가 56% 증가했다'처럼 구체적인 수치를 제시하고, 필요하면 링크와 출처를 명확히 표기하는 것이 좋다.

참고문헌

김태욱(2015). 『똑똑한 홍보팀을 만드는 실전홍보세미나, 최신 개정판』. 커뮤니케이션북스.

김태욱(2025). 『생성형 AI와 온라인 PR』. 커뮤니케이션북스.

김태욱(2007). 『스스로 배워서 마음대로 써먹는 전략홍보 워크북』. 커뮤니케이션북스.

김태욱(2024). 『AI로 PR하기』. 커뮤니케이션북스.

김태욱 · 성택암(2016). 『사회복지 홍보』. 커뮤니케이션북스.

김태욱 · 한정진 외(2013). 『광고를 이기는 콘텐츠의 비밀』. 이지스퍼블리싱.

유시민(2015). 『유시민의 글쓰기 특강』. 생각의길.

이오덕(2009). 『우리글 바로쓰기 1』. 한길사.

Tye. Larry(2004). 송기인 · 김현희 · 이종혁 옮김(2004). 『여론을 만든 사람, 에드워드 버네이즈』. 커뮤니케이션북스.

고용노동부 홈페이지 www.moel.go.kr

공정거래위원회 홈페이지 www.ftc.go.kr

국가보훈처 홈페이지 www.mpva.go.kr

국립국어원 홈페이지 www.korean.go.kr

국방부 홈페이지 www.mnd.go.kr

국토교통부 페이스북 www.facebook.com/landkorea
국토교통부 홈페이지 www.molit.go.kr
금융위원회 홈페이지 www.fsc.go.k
기획재정부 페이스북 www.facebook.com/moefkorea
기획재정부 홈페이지 www.moef.go.kr
농림축산식품부 홈페이지 www.mafra.go.kr
대한민국공군 홈페이지 okaf.airforce.mil.kr/airforce
대한민국육군 홈페이지 www.army.mil.kr
대한민국해병대 홈페이지 www.rokmc.mil.kr
문화체육관광부 홈페이지 www.mcst.go.kr
법무부 페이스북 www.facebook.com/mojkorea
법무부 홈페이지 www.moj.go.kr
보건복지부 홈페이지 www.mohw.go.kr
부산대학교 맞춤법 검사기 speller.cs.pusan.ac.kr
산림청 페이스북 www.facebook.com/forestkorea
산업통상자원부 홈페이지 www.motie.go.kr
식품의약안전처 홈페이지 www.mfds.go.kr
언론중재위 홈페이지 www.pac.or.kr
여성가족부 홈페이지 www.mogef.go.kr
외교부 홈페이지 www.mofa.go.kr
인사혁신처 페이스북 www.facebook.com/miraesaram
인사혁신처 홈페이지 www.mpm.go.kr
중소벤처기업부 페이스북 www.facebook.com/bizinfo1357

통계청 홈페이지 kostat.go.kr

통일부 홈페이지 www.unikorea.go.kr

한국관광공사 홈페이지 www.visitkorea.or.kr

한국수자원공사 홈페이지 www.kwater.or.kr

한국언론진흥재단 홈페이지 www.kpf.or.kr

한국전력공사 홈페이지 home.kepco.co.kr

한국조폐공사 홈페이지 www.komsco.com

행정안전부 홈페이지 www.mois.go.kr

환경부 홈페이지 me.go.kr

지은이

김태욱

홍보교육컨설팅 ㈜스토리엔 대표이며 한국생산성본부 홍보마케팅 전임교수다. 오리온그룹, ADT캡스 홍보팀장, 성신여대 외래교수를 지냈고, 문체부, 법무부, 환경부, 심사평가원, 서울시인재원, 보건복지인재원, 한국사회복지협의회, 서울교육청연수원, 서울경제진흥원, SH공사, 경기복지재단, 농진청, 부산시청, 인천시청, 성균관대, 가톨릭대, 을지대, 삼성, LG, SKT, 롯데, CJ, NH농협 등을 대상으로 컨설팅과 강의를 했다.

성균관대학교에서 영문학과 신문방송학을 공부하고, 서울시립대학교에서 경영학 석사학위를 받았다.

저서로는 『생성형 AI와 온라인 PR』(2025), 『AI로 PR하기』(2024), 『브랜드스토리 10가지 기법』(2016), 『똑똑한 홍보팀을 만드는 실전홍보세미나』(개정판, 2015) 등이 있다.

한정진

2013년부터 대한민국 법무부 홍보담당관으로 재직 중이다. 대변인실의 대언론 관계를 담당하고 있다. 언론을 대상으로 배포하는 보도자료를 기획하고, 대언론 메시지를 관리하고 있다.

≪동아일보≫ 편집국 사회부 등에서 일선 취재기자로 활동했다. 이후 야후코리아로 자리를 옮겨 포털뉴스 기획자로 근무했다. 이러한 언론과 온라인 경력을 기반으로 홍보 전문가 능력을 인정받아 법무부에서 중앙행정기관의 홍보기획 업무를 수행해 오고 있다.

서울대학교에서 사회학 학사를 졸업하고, 경희대 대학원 언론학 석사를 취득했다.

저서로는 『광고를 이기는 콘텐츠의 비밀』(공저, 2013)이 있다.